Allan Shepard

Ahimsa
La Sagesse Intemporelle du Jaïnisme

Titre Original :
Ahimsa - A Sabedoria Atemporal do Jainismo
Copyright © 2025, publié par Luiz Antonio dos Santos ME.
Cet ouvrage est un livre de non-fiction qui explore les pratiques et concepts de la philosophie jaïne, centrée sur la non-violence et la libération spirituelle. À travers une approche complète, l'auteur propose des outils pour comprendre la sagesse intemporelle du jaïnisme et son application dans la vie contemporaine.
1ère Édition
Équipe de Production
Auteur : Allan Shepard
Éditeur : Luiz Santos
Couverture : Studios Booklas / Sophie Lemaire
Consultant : Jean-Pierre Verne
Chercheurs : Amélie Durand, Laurent Morel, Claire Dupont
Mise en page : François Berger
Traduction : Élodie Marchand
Publication et Identification
Ahimsa - La Sagesse Intemporelle du Jaïnisme
Booklas, 2025
Catégories : Philosophie / Spiritualité
DDC : 181.44 - CDU : 294.4
Tous droits réservés à :
Luiz Antonio dos Santos ME / Booklas Publishing
Aucune partie de ce livre ne peut être reproduite, stockée dans un système de récupération ou transmise par quelque moyen que ce soit — électronique, mécanique, photocopie, enregistrement ou autre — sans l'autorisation préalable et expresse du détenteur des droits d'auteur.

Sommaire

Table des Matières 5
Prologue 10
Chapitre 1 Qu'est-ce que le Jaïnisme ? 13
Chapitre 2 Origines du Jaïnisme 17
Chapitre 3 Le Dernier Tirthankara 22
Chapitre 4 Écritures Jaïnes 27
Chapitre 5 Principes Fondamentaux du Jaïnisme 32
Chapitre 6 La Pierre Angulaire de l'Éthique Jaïne 38
Chapitre 7 L'Épistémologie Jaïne 44
Chapitre 8 La Loi de Cause à Effet Spirituelle 50
Chapitre 9 L'Âme et le Non-Âme 57
Chapitre 10 Liaison et Libération 62
Chapitre 11 Ascétisme et Pratique Spirituelle 68
Chapitre 12 Le Chemin de la Purification 75
Chapitre 13 Monachisme Jaïn 83
Chapitre 14 Pratiques Jaïnes pour les Laïcs 90
Chapitre 15 Le Régime jaïn 97
Chapitre 16 Temples et Rituels Jaïns 105
Chapitre 17 Art et Architecture Jaïns 112
Chapitre 18 Principales Fêtes Religieuses 120
Chapitre 19 Communauté Jaïne 129
Chapitre 20 Jaïnisme et Science 135
Chapitre 21 Jaïnisme et Environnementalisme 142
Chapitre 22 La Construction de la Paix 149

Chapitre 23 Dialogue Interreligieux 156
Chapitre 24 Le Jaïnisme dans la Diaspora 162
Chapitre 25 Défis Contemporains 169
Chapitre 26 L'Avenir du Jaïnisme 175
Chapitre 27 Similarités avec le Bouddhisme 181
Chapitre 28 L'Héritage Durable du Jaïnisme 187
Chapitre 29 Un Chemin vers la Paix Intérieure 193
Épilogue 197

Table des Matières

Chapitre 1 : Qu'est-ce que le Jaïnisme ? - Introduction au Jaïnisme, ses valeurs fondamentales et ses concepts clés.

Chapitre 2 : Origines du Jaïnisme - Exploration des origines historiques du Jaïnisme, y compris les théories sur ses racines pré-védiques et sa relation avec d'autres religions indiennes.

Chapitre 3 : Le Dernier Tirthankara - Biographie de Mahavira, le 24e et dernier Tirthankara du Jaïnisme, et son rôle dans la revitalisation de la tradition.

Chapitre 4 : Écritures Jaïnes - Discussion des écritures sacrées du Jaïnisme, les Agamas, leur formation, leur contenu et leur importance dans la pratique jaïne.

Chapitre 5 : Principes Fondamentaux du Jaïnisme - Exploration des principes clés du Jaïnisme, notamment les Trois Joyaux (Ratnatraya) et les Cinq Grands Vœux (Mahavratas).

Chapitre 6 : La Pierre Angulaire de l'Éthique Jaïne - Analyse approfondie de l'Ahimsa (non-violence), le principe éthique central du Jaïnisme, et ses implications dans la vie quotidienne.

Chapitre 7 : L'Épistémologie Jaïne - Exploration des concepts épistémologiques uniques du Jaïnisme, tels que l'Anekantavada (multiplicité des points de vue) et le Syadvada (prédication conditionnelle).

Chapitre 8 : La Loi de Cause à Effet Spirituelle - Discussion de la théorie du Karma dans le Jaïnisme, expliquant la loi de cause à effet spirituelle et son rôle dans le cycle de la réincarnation.

Chapitre 9 : L'Âme et le Non-Âme - Exploration de la dichotomie fondamentale entre Jiva (Âme) et Ajiva (Non-Âme) dans la cosmologie jaïne.

Chapitre 10 : Liaison et Libération - Analyse des concepts de liaison (Bandha) et de libération (Moksha), expliquant l'état de l'âme liée par le Karma et le chemin vers la libération spirituelle.

Chapitre 11 : Ascétisme et Pratique Spirituelle - Exploration des pratiques ascétiques et spirituelles du Jaïnisme, telles que le jeûne, la méditation et l'autodiscipline, en tant que moyens de purification karmique.

Chapitre 12 : Le Chemin de la Purification - Discussion des quatorze étapes du développement spirituel (Gunasthanas), qui décrivent la progression de l'âme vers la libération (Moksha).

Chapitre 13 : Monachisme Jaïn - Exploration de la vie monastique jaïne, des différentes sectes monastiques (Digambara et Svetambara) et de leurs pratiques ascétiques.

Chapitre 14 : Pratiques Jaïnes pour les Laïcs - Discussion des pratiques et des directives éthiques pour les laïcs jaïns, y compris les vœux mineurs (Anuvratas) et les pratiques spirituelles adaptées à la vie quotidienne.

Chapitre 15 : Le régime jaïn - Exploration du régime alimentaire jaïn, de ses principes éthiques et de ses implications pratiques, en mettant l'accent sur le végétarisme et la non-violence envers les animaux.

Chapitre 16 : Temples et Rituels Jaïns - Discussion des temples jaïns (Derasar), de leur architecture, de leur symbolisme et des rituels et cérémonies qui y sont pratiqués.

Chapitre 17 : Art et Architecture Jaïns - Exploration de l'art et de l'architecture jaïns, en mettant en lumière les caractéristiques, les symboles et les significations de la culture visuelle jaïne.

Chapitre 18 : Principales Fêtes Religieuses - Discussion des principales fêtes religieuses jaïnes, telles que Mahavir Jayanti, Paryushan Parva et Diwali, et de leur importance spirituelle et communautaire.

Chapitre 19 : Communauté Jaïne - Exploration de la communauté jaïne (Sangha), de sa structure, de son rôle dans la préservation de la tradition et de ses contributions à la société dans divers domaines.

Chapitre 20 : Jaïnisme et Science - Discussion du dialogue entre le jaïnisme et la science moderne, en explorant les parallèles conceptuels, les domaines de compatibilité et les contributions potentielles entre les deux domaines.

Chapitre 21 : Jaïnisme et Environnementalisme - Exploration de la pertinence écologique du jaïnisme, en mettant l'accent sur le principe de l'Ahimsa et ses implications pour la protection de l'environnement et la durabilité.

Chapitre 22 : La Construction de la Paix - Discussion du rôle du jaïnisme dans la construction de la paix, en explorant l'Ahimsa comme outil de résolution des conflits et la promotion de l'harmonie sociale.

Chapitre 23 : Dialogue Interreligieux - Exploration de l'approche jaïne du dialogue interreligieux, en mettant l'accent sur l'Anekantavada et la tolérance envers les autres traditions religieuses.

Chapitre 24 : Le Jaïnisme dans la Diaspora - Discussion de la diaspora jaïne, de la formation de communautés jaïnes en dehors de l'Inde, et des défis et adaptations du jaïnisme dans de nouveaux contextes culturels.

Chapitre 25 : Défis Contemporains - Exploration des défis et des questions contemporains auxquels le jaïnisme est confronté dans le monde moderne, y compris les questions de genre, de justice sociale et d'adaptation des pratiques.

Chapitre 26 : L'Avenir du Jaïnisme - Discussion des perspectives et de la pertinence du jaïnisme au XXIe siècle, en mettant en lumière son potentiel pour contribuer à un monde plus éthique, pacifique et durable.

Chapitre 27 : Similarités avec le Bouddhisme - Analyse comparative du jaïnisme et du bouddhisme, explorant les similitudes et les différences entre ces deux traditions spirituelles originaires de l'Inde.

Chapitre 28 : L'Héritage Durable du Jaïnisme - Exploration de l'impact durable du jaïnisme sur la pensée indienne et mondiale, en mettant en lumière ses contributions à l'éthique, à la philosophie, à l'art, à la culture et à la spiritualité.

Chapitre 29 : Un Chemin vers la Paix Intérieure - Synthèse des principaux enseignements et valeurs du jaïnisme, en réfléchissant à son potentiel en tant que chemin vers la paix intérieure et l'harmonie universelle.

Prologue

Imaginez un chemin millénaire, emprunté par des sages qui ont défié les illusions du monde matériel en quête de la vérité ultime. Un chemin qui traverse les siècles sans se plier aux changements éphémères du temps, offrant un code de conduite qui transcende les cultures et les géographies. Un chemin qui non seulement enseigne la vertu, mais l'incarne, transformant chaque geste, chaque parole, chaque pensée en un acte de profonde conscience et d'harmonie avec l'univers.

Ce livre que vous tenez entre vos mains n'est pas un simple récit historique ou un recueil de croyances religieuses. Il est une invitation à un voyage intérieur, une porte vers la compréhension de l'un des systèmes philosophiques les plus raffinés et radicaux jamais conçus : le jaïnisme.

Depuis ses origines dans l'Inde antique jusqu'à son influence silencieuse, mais puissante, dans le monde contemporain, le jaïnisme se dresse comme un témoignage de la résistance de l'âme humaine à la violence, à l'ignorance et à l'attachement. Ses doctrines ne sont pas seulement des concepts abstraits ; ce sont des outils pratiques qui peuvent façonner la manière dont nous percevons l'existence, interagissons avec le monde et comprenons notre rôle dans la grande tapisserie de la vie.

La pierre angulaire de cette tradition est l'Ahimsa – la non-violence dans son expression la plus pure et la plus complète. Il ne s'agit pas seulement d'éviter de blesser physiquement un autre être, mais d'éliminer jusqu'à l'ombre de la violence de nos intentions et de nos pensées. Et si la paix véritable n'était pas seulement une utopie lointaine, mais un choix quotidien, cultivé avec discipline et compassion ?

Ici, vous découvrirez un univers où chaque âme est responsable de son propre destin, où la vérité n'est pas rigide, mais multiforme, et où la connaissance et la conduite juste sont les seuls chemins vers la libération. Ce livre ne se contente pas d'exposer des doctrines ; il vous met au défi de voir le monde sous un nouvel angle, de remettre en question vos habitudes et de réfléchir à la façon dont chacun de vos choix façonne non seulement votre avenir, mais l'équilibre de toute l'existence.

Ne vous attendez pas à une lecture ordinaire. Vous êtes sur le point d'être conduit à travers un labyrinthe d'idées profondes, de rencontrer des êtres illuminés qui ont transcendé les limites de la chair et du temps, et de comprendre que la vérité est rarement absolue – elle se révèle par couches, comme un joyau qui doit être poli par l'expérience et le discernement.

Ce livre est un cadeau, une carte pour ceux qui cherchent un sens plus grand à la vie. Il n'impose pas de dogmes, n'exige pas de foi aveugle – il ne fait qu'éclairer un chemin qui a toujours été devant nous, attendant d'être reconnu.

Bienvenue dans ce voyage. Laissez-vous imprégner par chaque enseignement, remettre en question chaque concept, sentir chaque mot résonner en vous. Car, à la fin de cette lecture, vous ne serez plus le même.

L'Éditeur

Chapitre 1
Qu'est-ce que le Jaïnisme ?

Le jaïnisme, l'une des traditions religieuses et philosophiques les plus anciennes du monde, émane des terres vibrantes et spirituellement riches de l'Inde antique. Souvent mentionné en même temps que le bouddhisme, avec lequel il partage des racines et certaines valeurs, le jaïnisme possède néanmoins une identité distincte et une vision du monde profonde qui le différencie. Mais qu'est-ce que le jaïnisme exactement ?

Dans son essence, c'est un chemin, une philosophie de vie et une tradition religieuse qui met l'accent sur la non-violence (Ahimsa) avant tout, cherchant la libération spirituelle (Moksha) par la purification de l'âme.

Pour comprendre le jaïnisme, il est crucial de se détacher des conceptions occidentalisées de la religion et de la spiritualité. Il ne s'agit pas simplement d'un système de croyances théologiques ou de rituels dogmatiques, mais plutôt d'un ensemble complet de principes éthiques, de pratiques ascétiques et d'une cosmovision qui façonne tous les aspects de la vie de ses pratiquants. Imaginez une philosophie qui place la responsabilité individuelle au centre du voyage spirituel, où chaque action, chaque pensée, chaque parole a le pouvoir d'influencer le chemin vers la libération. Telle est l'essence du jaïnisme.

Les valeurs centrales du jaïnisme gravitent autour du principe de l'Ahimsa, la non-violence sous toutes ses formes – physique, verbale et mentale. Il ne s'agit pas seulement d'éviter de blesser physiquement d'autres êtres, mais de cultiver une profonde compassion pour toute vie, en reconnaissant l'âme (Jiva) présente dans chaque créature, aussi petite soit-elle. Cette vision globale de la non-violence imprègne tous les aspects de l'éthique jaïne, du régime végétarien strict à la recherche de professions qui minimisent tout dommage aux autres formes de vie.

Parallèlement à l'Ahimsa, l'ascétisme occupe une place prépondérante dans le jaïnisme. La croyance fondamentale est que l'attachement au monde matériel et aux plaisirs sensoriels obscurcit la vraie nature de l'âme et la maintient prisonnière du cycle de la naissance, de la mort et de la renaissance. Par conséquent, la pratique ascétique, qui implique l'autodiscipline, le jeûne, la méditation et la réduction de la possession de biens matériels, est considérée comme un moyen essentiel pour purifier l'âme du Karma, la substance subtile qui s'accumule à travers les actions et lie l'âme au monde matériel.

Le jaïnisme se distingue également par son épistémologie unique, l'Anekantavada, la doctrine de la multiplicité des perspectives. Cette vision reconnaît que la vérité absolue est multiforme et complexe, et qu'aucune perspective unique ne peut l'appréhender complètement. Au lieu de s'accrocher à des dogmes rigides, le jaïnisme encourage l'humilité intellectuelle et la tolérance, incitant à considérer différents points de vue et à éviter le jugement hâtif. Cette approche épistémologique se reflète dans la logique du Syadvada, qui utilise la prédication conditionnelle ("syat" – peut-être, dans un certain sens) pour exprimer la complexité de la réalité et éviter les affirmations dogmatiques absolues.

Originaire de l'Inde antique, le jaïnisme a prospéré dans un contexte culturel et religieux riche et diversifié. Son émergence est souvent située au VIe siècle avant J.-C., contemporaine de l'apparition du bouddhisme et d'autres courants de pensée qui remettaient en question les orthodoxies religieuses de l'époque. La figure centrale du jaïnisme moderne est Mahavira, considéré comme le dernier Tirthankara, un "Bâtisseur de Pont" ou "Professeur Illuminé" qui a revitalisé et systématisé les enseignements jaïns. Cependant, la tradition jaïne fait remonter ses origines beaucoup plus loin dans le passé, croyant en une succession de 24 Tirthankaras qui se seraient manifestés au cours des âges pour guider l'humanité sur le chemin de la libération.

Bien que le jaïnisme soit peut-être moins connu en Occident que d'autres religions orientales, sa pertinence dans le monde contemporain est indéniable. Dans une ère marquée par les conflits, la violence, le consumérisme effréné et les préoccupations environnementales, les principes jaïns de non-violence, d'autodiscipline, de respect de toute vie et de recherche de la vérité à travers de multiples perspectives résonnent avec une urgence renouvelée. Le message jaïn offre un chemin vers la paix intérieure, l'harmonie sociale et la durabilité environnementale, des valeurs de plus en plus essentielles pour la survie et le bien-être de l'humanité et de la planète.

Tout au long de ce livre, nous explorerons en détail les différentes facettes du jaïnisme, depuis ses origines historiques et ses écritures sacrées jusqu'à sa philosophie, ses pratiques, son style de vie et sa pertinence dans le monde moderne. Nous plongerons dans les principes d'Ahimsa, d'Anekantavada et de Karma, nous dévoilerons le chemin ascétique et contemplatif, et nous examinerons les contributions du jaïnisme à l'éthique, à l'écologie et à la recherche de la paix. Embarquez avec nous dans ce voyage et découvrez la profondeur et la beauté du jaïnisme : le chemin de la non-violence qui a fleuri en Inde et qui continue d'inspirer des millions de personnes à travers le monde.

Chapitre 2
Origines du Jaïnisme

Pour dévoiler l'histoire du Jaïnisme, nous sommes amenés à plonger dans les profondeurs du temps, dans les ères lointaines de l'Inde Antique, bien avant les archives historiques que nous connaissons. Les origines du Jaïnisme se perdent dans les brumes de la préhistoire, avec des théories qui pointent vers des racines pré-védiques, suggérant que cette tradition pourrait être encore plus ancienne que l'Hindouisme lui-même et le système védique qui l'a engendré. Cette perspective fascinante nous invite à repenser la chronologie traditionnelle des religions indiennes et à considérer la possibilité d'un flux spirituel continu qui précède les catégorisations que nous imposons aujourd'hui.

L'une des théories les plus intrigantes sur les origines du Jaïnisme réside dans l'hypothèse d'une tradition ascétique autochtone de l'Inde, qui a fleuri avant l'arrivée des peuples indo-aryens et de la culture védique. Des preuves archéologiques, comme des sceaux et des artefacts de la Civilisation de la Vallée de l'Indus (Harappa et Mohenjo-daro), révèlent des figures en postures méditatives et des représentations d'animaux vénérés, que certains chercheurs interprètent comme des précurseurs de concepts et de pratiques Jaïns. Ces découvertes alimentent la spéculation selon laquelle un courant de pensée ascétique et non-violente existait déjà en Inde avant la formation de l'Hindouisme védique, et que le Jaïnisme pourrait être l'héritier de cette tradition ancestrale.

En comparant le Jaïnisme aux autres courants de pensée de l'Inde Antique, comme le Bouddhisme et l'Hindouisme, nous percevons à la fois des parallèles et des divergences significatives. Il est indéniable que le Jaïnisme et le Bouddhisme partagent un terrain commun, émergeant dans la même période historique et géographique, et tous deux défiant le système de castes et l'autorité des rituels védiques. Les deux traditions mettent l'accent sur l'importance de la non-violence, de l'éthique et de la recherche de la libération du cycle de la souffrance. Cependant, leurs approches et leurs doctrines divergent sur des points cruciaux.

Alors que le Bouddhisme, dans son développement initial, s'est concentré sur la Voie du Milieu et sur une approche plus pragmatique de la pratique spirituelle, le Jaïnisme s'est toujours caractérisé par un ascétisme radical et une emphase sur la purification extrême de l'âme. La doctrine Jaïne de l'Âme (Jiva) comme une entité individuelle, éternelle et intrinsèquement pure, qui est emprisonnée par la matière et le Karma, contraste avec la doctrine Bouddhiste du Non-Soi (Anatta), qui nie l'existence d'une âme substantielle et permanente. Cette différence fondamentale dans la vision de l'âme influence profondément les pratiques et les objectifs spirituels de chaque tradition.

En ce qui concerne l'Hindouisme, la relation est encore plus complexe. Bien que le Jaïnisme se soit développé dans un contexte culturel qui a également donné naissance à l'Hindouisme, il représente, à bien des égards, une critique et une déviation des pratiques et des croyances védiques. Le Jaïnisme rejette l'autorité des Vedas, le système de castes, les sacrifices rituels et la théologie polythéiste de l'Hindouisme védique. Au lieu de cela, il propose un chemin d'auto-libération à travers l'ascétisme et la non-violence, axé sur la purification individuelle de l'âme et la recherche de l'illumination. Cependant, au cours de l'histoire, le Jaïnisme et l'Hindouisme ont coexisté et interagi, s'influençant mutuellement dans des domaines tels que l'éthique, la philosophie et les pratiques dévotionnelles.

Un concept central pour comprendre les origines et l'évolution du Jaïnisme est la figure des Tirthankaras. Dans le Jaïnisme, on croit que le Dharma (l'enseignement et le chemin de la justice) est révélé à chaque ère par des êtres illuminés exceptionnels, les Tirthankaras, qui signifient littéralement "Bâtisseurs de Pont" ou "Ceux qui Traversent le Fleuve". Ils sont considérés comme des exemples suprêmes de perfection spirituelle, ayant atteint la libération (Moksha) et montré le chemin aux autres. La tradition Jaïne reconnaît 24 Tirthankaras dans chaque cycle cosmique du temps, Rishabhanatha étant le premier et Mahavira le dernier Tirthankara de cette ère.

L'importance des Tirthankaras réside dans le fait qu'ils ne sont pas considérés comme des dieux ou des avatars divins, mais plutôt comme des êtres humains qui, par leurs propres efforts et leur pratique ascétique, ont atteint l'illumination et sont devenus des guides spirituels pour l'humanité. Leurs vies et leurs enseignements servent de modèles aux pratiquants Jaïns, les inspirant à suivre le chemin de la non-violence, de l'ascétisme et de la recherche de la libération. La croyance en une succession continue de Tirthankaras au fil du temps renforce également l'idée que le Dharma Jaïn est éternel et universel, toujours disponible pour ceux qui cherchent la vérité.

Les preuves archéologiques et littéraires des premières communautés Jaïnes nous fournissent des indices précieux sur l'histoire initiale de cette tradition. Des inscriptions sur des roches, des piliers et des stupas, datant des IIIe et IIe siècles avant J.-C., mentionnent des moines et des nonnes Jaïns, indiquant l'existence d'une communauté monastique organisée déjà à une période très ancienne. L'art Jaïn primitif, trouvé sur des sites archéologiques comme Mathura et Sanchi, révèle des représentations des Tirthankaras et des scènes de la vie monastique, confirmant la présence et l'influence du Jaïnisme dans différentes régions de l'Inde.

Dans le domaine de la littérature, les Agamas, les écritures sacrées Jaïnes, bien que compilées sous leur forme écrite plus tardivement, préservent des traditions orales et des enseignements qui remontent à l'époque de Mahavira et possiblement à des périodes encore plus anciennes. Ces textes canoniques offrent un aperçu de la doctrine, de l'éthique, des pratiques et de l'organisation de la communauté Jaïne primitive. Des références au Jaïnisme peuvent également être trouvées dans d'autres sources littéraires de l'Inde Antique, comme des textes Bouddhistes et Hindouistes, qui, bien que présentant souvent des perspectives externes et parfois critiques, corroborent l'ancienneté et la pertinence du Jaïnisme dans le panorama religieux de l'époque.

En résumé, les origines historiques du Jaïnisme restent enveloppées de mystère et de débat, mais les preuves disponibles pointent vers une tradition riche et complexe, avec des racines profondes dans l'Inde Antique. Que ce soit en tant qu'héritier d'une tradition pré-védique, en tant que mouvement de réforme dans le contexte védique, ou en tant que courant de pensée original qui a émergé au VIe siècle avant J.-C., le Jaïnisme s'est établi comme une force spirituelle et philosophique durable, façonnant la culture indienne et offrant un chemin singulier vers la libération spirituelle. Dans les prochains chapitres, nous continuerons à explorer le voyage fascinant du Jaïnisme, en approfondissant la vie de Mahavira, les écritures sacrées et les principes fondamentaux qui définissent cette ancienne et pertinente tradition.

Chapitre 3
Le Dernier Tirthankara

Dans le vaste panorama de l'histoire jaïne, la figure de Mahavira émerge avec un éclat singulier, en tant que dernier Tirthankara de cette ère, le 24ème de la lignée. Alors que les Tirthankaras précédents se perdent dans les brumes du temps mythique, la vie de Mahavira est plus fermement ancrée dans un contexte historique, nous permettant de tracer un profil biographique plus détaillé et de comprendre l'impact transformateur de son existence et de ses enseignements. Né prince, Mahavira a renoncé à la richesse et au pouvoir pour embrasser une voie ascétique radicale, atteignant l'illumination et revitalisant le Dharma jaïn pour les ères à venir.

Le contexte historique et social de la naissance de Mahavira est crucial pour comprendre la singularité de son parcours. Il est né au VIe siècle avant J.-C., à une époque d'effervescence intellectuelle et religieuse dans l'Inde ancienne. Ce fut la période où de nouveaux courants de pensée défiaient les traditions védiques, remettant en question le système des castes, les rituels sacrificiels et la recherche de récompenses matérielles. Le bouddhisme fleurissait également à cette même époque, et d'autres sectes ascétiques et philosophiques émergeaient, cherchant des voies alternatives pour la libération spirituelle. Dans ce scénario de transformation et de questionnement, le jaïnisme, sous la direction de Mahavira, a trouvé un terrain fertile pour se développer et diffuser ses enseignements.

La tradition jaïne rapporte que Mahavira est né à Kundagrama, près de Vaishali, dans la région de Bihar, en Inde, dans une famille Kshatriya (caste guerrière). Son nom de naissance était Vardhamana, qui signifie "celui qui augmente" ou "le prospère", reflétant les attentes de grandeur qui entouraient sa naissance. Son père, Siddhartha, était le chef d'un clan appelé Jnatrika, et sa mère, Trishala, était la sœur du roi Chetaka de Vaishali. Par conséquent, Mahavira est né dans un environnement de noblesse et de privilège, destiné à une vie de pouvoir et de confort matériel.

Cependant, dès son plus jeune âge, Vardhamana a démontré une inclination pour l'introspection et le renoncement. Différent des autres jeunes nobles, il ne se sentait pas attiré par les plaisirs de la vie palatiale, par les jeux, par la chasse ou par la recherche du pouvoir politique. Au lieu de cela, il recherchait la solitude, la méditation et la contemplation, questionnant le sens de la vie et la souffrance inhérente à l'existence humaine. Cette profonde inquiétude spirituelle l'empêchait de se contenter de la vie mondaine et le poussait vers une recherche plus profonde.

À l'âge de trente ans, après la mort de ses parents, Vardhamana a pris la décision radicale de renoncer au monde matériel. Dans un acte de courage et de détachement, il a abandonné sa vie de prince, sa famille, ses richesses et tous les conforts matériels pour devenir un moine ascète. Ce renoncement n'était pas un acte impulsif, mais plutôt le résultat d'une profonde réflexion et d'un désir sincère de trouver la vérité et la libération. La tradition jaïne décrit cet événement comme Diksha, l'initiation monastique, un moment crucial dans la vie de Mahavira et dans le développement du jaïnisme.

La période d'ascétisme et de recherche spirituelle intense qui a suivi le renoncement a été marquée par douze années de rigoureuse autodiscipline, de méditation profonde et d'extrême austérité. Mahavira a erré comme un ascète errant, dépourvu de biens matériels, de vêtements ou d'abri fixe. Il pratiquait le jeûne prolongé, s'abstenant souvent de nourriture et d'eau pendant des jours ou des semaines entières. Il supportait les intempéries, la chaleur torride de l'été indien et le froid mordant de l'hiver, sans chercher refuge ou protection. Il affrontait l'hostilité de personnes ignorantes et les piqûres d'insectes, sans riposter ni s'irriter.

Durant cette période d'ascétisme extrême, Mahavira pratiquait l'Ahimsa dans sa forme la plus radicale. Il évitait de blesser toute forme de vie, aussi petite soit-elle, en pensée, en parole ou en action. Il marchait avec précaution pour ne pas écraser d'insectes, utilisait un tissu sur sa bouche pour ne pas avaler de micro-organismes dans l'air et balayait le sol devant lui pour éviter de blesser la moindre créature. Cette pratique méticuleuse de la non-violence est devenue une marque distinctive de l'ascétisme jaïn et un exemple inspirant pour ses disciples.

Après douze années de pratique ascétique intense et de méditation profonde, Mahavira a atteint l'illumination suprême, le Kevala Jnana, la connaissance parfaite et infinie. Ce moment transcendantal a marqué la fin de sa recherche spirituelle et le début de sa mission en tant que Tirthankara, un guide éclairé pour l'humanité. La tradition jaïne décrit l'illumination de Mahavira comme un événement cosmique, accompagné de signes et de prodiges, indiquant l'importance et la singularité de sa réalisation.

Après l'illumination (Kevala Jnana), Mahavira a commencé sa prédication, consacrant le reste de sa vie à partager ses enseignements et à montrer le chemin de la libération aux autres. Il a voyagé dans diverses régions de l'Inde, enseignant dans un langage simple et accessible, attirant des disciples de toutes les classes sociales, y compris des rois, des nobles, des marchands, des artisans et des personnes humbles. Son message central était le chemin de l'Ahimsa, de l'autodiscipline et de la purification de l'âme comme moyens d'atteindre la libération de la souffrance et du cycle de la réincarnation.

Pour diffuser ses enseignements de manière efficace, Mahavira a organisé la sangha, la communauté monastique jaïne, composée de moines (Sadhu) et de nonnes (Sadhvi). Il a établi des règles et des directives pour la vie monastique, mettant l'accent sur l'Ahimsa, la vérité, la non-convoitise, la chasteté et le détachement. La sangha est devenue le noyau de la tradition jaïne, préservant et transmettant les enseignements de Mahavira au fil des siècles. En plus de la communauté monastique, Mahavira a également attiré un grand nombre de laïcs et de laïques (Shravaka et Shravika), qui suivaient les principes jaïns dans leur vie quotidienne, pratiquant les Anuvratas, les vœux mineurs adaptés à la vie laïque.

L'héritage de Mahavira est immense et durable. Il est vénéré comme le dernier Tirthankara, le guide spirituel qui a revitalisé et systématisé le jaïnisme pour l'ère actuelle. Ses enseignements sur l'Ahimsa, l'autodiscipline, la non-possessivité, l'Anekantavada et la quête de la libération continuent d'inspirer des millions de personnes à travers le monde. La sangha jaïne, fondée par Mahavira, a prospéré au fil des siècles, préservant la tradition et diffusant ses valeurs. Le jaïnisme, tel que nous le connaissons aujourd'hui, est en grande partie le résultat de la vie, des enseignements et de l'héritage transformateur de Mahavira, le dernier Tirthankara, le lion spirituel qui a rugi le message de la non-violence et de la libération pour toute l'humanité.

Chapitre 4
Écritures Jaïnes

Au-delà de la vie exemplaire de Mahavira, la tradition jaïne a légué au monde un corpus vaste et complexe d'écritures sacrées, connues sous le nom d'Agamas. Ces écritures, qui se traduisent littéralement par "ce qui vient de la tradition" ou "ce qui a été transmis", représentent la colonne vertébrale même du jaïnisme, la source primaire de ses enseignements, doctrines, pratiques et histoire. Les Agamas ne sont pas seulement des textes religieux au sens conventionnel, mais plutôt l'expression codifiée du Dharma jaïn, le chemin de la justice et de la libération révélé par les Tirthankaras et préservé au fil des générations.

Le concept fondamental derrière les Agamas est le Shruta Jnana, la "connaissance entendue" ou "connaissance transmise oralement". Dans la tradition jaïne, on croit que les enseignements des Tirthankaras ont été initialement transmis oralement par leurs disciples directs, les Gandharas et les Shrutakevalins. Ces êtres illuminés possédaient la capacité de mémoriser et de transmettre fidèlement les paroles des Tirthankaras, garantissant la pureté et l'authenticité de la tradition. Pendant des siècles, le Shruta Jnana a été préservé oralement, récité, mémorisé et transmis de maître à disciple, formant la base de la tradition jaïne.

La formation du canon jaïn, c'est-à-dire la compilation des Agamas sous forme écrite, est un processus complexe et multiforme, qui s'est étendu sur plusieurs siècles. Bien que la tradition orale ait été primordiale dans les premiers siècles du jaïnisme, la nécessité de préserver les enseignements face aux vicissitudes du temps et aux potentielles pertes de mémoire a conduit à l'écriture progressive des Agamas. Le processus de canonisation n'a pas été linéaire ou unifié, et différentes sectes jaïnes, comme les Digambaras et les Svetambaras, ont fini par développer des canons scripturaires distincts, reflétant les particularités de leurs traditions et interprétations.

Pour les Svetambaras, la secte jaïne "vêtue de blanc", le canon Agama complet comprend 45 textes, divisés en diverses catégories. Les principales divisions des Agamas Svetambaras sont les Angas, les Upangas, les Prakirnakas, les Chedasutras, les Mulasutras et les Anuyogadvaras. Les Angas (membres) sont considérés comme les textes les plus anciens et les plus importants, contenant les enseignements essentiels de Mahavira. Les Upangas (membres secondaires) élargissent et complètent les enseignements des Angas. Les Prakirnakas (textes divers) abordent une variété de sujets doctrinaux et pratiques. Les Chedasutras (textes disciplinaires) traitent des règles et règlements pour la vie monastique. Les Mulasutras (textes racines) fournissent les fondements de la doctrine et de la pratique jaïnes. Et les Anuyogadvaras (portes d'entrée à l'exposition) offrent des méthodes pour l'interprétation et l'étude des Agamas.

Les Digambaras, la secte jaïne "vêtue de ciel", ont une vision différente du canon Agama. Ils croient que les Agamas originaux, les Purvas (textes anciens), ont été perdus il y a longtemps, et que les textes actuellement disponibles, connus sous le nom d'Angabahyas (externes aux Angas), sont d'autorité secondaire. Cependant, les Digambaras révèrent également un ensemble d'écritures importantes, comme les Shatkhandagama, les Kashayapahuda, les Samayasara, les Pravachanasara et les Niyamasara, qu'ils considèrent comme préservant l'essence des enseignements jaïns. La divergence des canons scripturaires entre Svetambaras et Digambaras reflète les différences historiques et doctrinales qui ont surgi au fil du temps entre les deux sectes.

Les langues sacrées des Agamas sont principalement l'Ardhamagadhi et le Sanskrit. L'Ardhamagadhi, une forme ancienne du Prakrit, était la langue vernaculaire parlée dans la région de Magadha, où Mahavira a prêché et où le jaïnisme a initialement fleuri. On pense que Mahavira a enseigné en Ardhamagadhi pour atteindre le public commun et rendre ses enseignements accessibles à tous. Par la suite, le Sanskrit, la langue classique de l'Inde, a également été utilisé dans la composition et l'interprétation des Agamas, en particulier dans les commentaires et les œuvres philosophiques. L'utilisation des deux langues reflète la diversité culturelle et linguistique du contexte dans lequel le jaïnisme s'est développé.

L'interprétation et l'importance des écritures dans la pratique jaïne sont des sujets complexes et multiformes. Les Agamas ne sont pas considérés comme des textes dogmatiques ou inflexibles, mais plutôt comme des guides pour la pratique spirituelle et la compréhension du Dharma. La tradition jaïne reconnaît la nécessité de l'interprétation (Niryukti) pour comprendre la signification profonde des Agamas, en tenant compte du contexte historique, culturel et doctrinal. Des commentaires exhaustifs ont été écrits au fil des siècles par des érudits jaïns, cherchant à élucider les enseignements des Agamas et à les rendre pertinents pour les différentes époques et contextes.

L'importance des écritures dans la vie jaïne est multiforme. Les Agamas servent de source d'autorité doctrinale, définissant les principes fondamentaux du jaïnisme, tels que l'Ahimsa, le Karma, le Moksha et l'Anekantavada. Ils fournissent une orientation éthique pour la conduite morale, tant pour les moines et les nonnes que pour les laïcs. Ils offrent des pratiques spirituelles telles que la méditation, l'ascétisme, l'étude et la dévotion, comme moyens de purification de l'âme et de recherche de la libération. Ils racontent également l'histoire des Tirthankaras et de la communauté jaïne, transmettant l'héritage culturel et religieux de la tradition.

L'étude des Agamas (Agama Adhyayana) est considérée comme une pratique spirituelle méritoire en soi. Les jaïns sont encouragés à lire, écouter, réciter, mémoriser et contempler les écritures, cherchant à approfondir leur compréhension du Dharma et à renforcer leur foi. L'étude des Agamas n'est pas seulement un exercice intellectuel, mais plutôt une forme d'immersion dans la sagesse des Tirthankaras, un moyen de se connecter à la tradition et de recevoir inspiration et orientation pour le voyage spirituel. Les Agamas sont considérés comme un trésor inestimable, un phare qui éclaire le chemin de la libération et qui offre un guide sûr à ceux qui recherchent la vérité et la paix intérieure.

En résumé, les écritures jaïnes, les Agamas, représentent un héritage précieux de la tradition, la voix des Tirthankaras résonnant à travers les siècles. Leur formation complexe, leurs diverses divisions, leurs langues sacrées et leur riche histoire d'interprétation reflètent la profondeur et la vitalité du jaïnisme. Les Agamas ne sont pas seulement des textes anciens, mais des sources vivantes de sagesse et d'orientation, qui continuent d'inspirer et de guider les pratiquants jaïns sur le chemin de la non-violence, de l'autodiscipline et de la recherche de la libération spirituelle. Dans le prochain chapitre, nous explorerons les principes centraux du jaïnisme, les Trois Joyaux et les Cinq Grands Vœux, qui découlent directement des enseignements des Agamas et qui forment la base de l'éthique et de la pratique jaïnes.

Chapitre 5
Principes Fondamentaux du Jaïnisme

Au cœur palpitant de la tradition jaïne réside un ensemble de principes fondamentaux qui agissent comme une boussole et un guide dans le voyage spirituel vers la libération. Ces principes, élégamment synthétisés dans les Trois Joyaux (Ratnatraya) et les Cinq Grands Vœux (Mahavratas), offrent une carte claire et un chemin pratique pour la purification de l'âme, le dépassement de la souffrance et la conquête de la paix intérieure. Ils ne sont pas de simples dogmes ou règles arbitraires, mais plutôt les piliers fondamentaux de l'éthique et de la pratique jaïne, interconnectés et interdépendants, formant un système cohérent et complet pour la transformation spirituelle.

Les Trois Joyaux (Ratnatraya), également connus sous le nom de "Trois Chemins de la Libération", représentent les fondements essentiels du voyage spirituel jaïn. Ce sont : la Vision Juste (Samyak Darshana), la Connaissance Juste (Samyak Jnana) et la Conduite Juste (Samyak Charitra). Ces trois joyaux ne sont pas des entités séparées, mais plutôt des facettes interdépendantes d'un même chemin, se complétant et se renforçant mutuellement. Tout comme un joyau multifacette brille dans différentes directions, les Trois

Joyaux illuminent le chemin spirituel jaïn sous différents angles, conduisant le pratiquant à la véritable réalisation.

La Vision Juste (Samyak Darshana) est le point de départ, la base sur laquelle les autres joyaux reposent. Elle se réfère à la foi rationnelle et à la conviction dans les principes fondamentaux du jaïnisme, tels que l'existence de l'âme (Jiva), la loi du Karma, la possibilité de la libération (Moksha) et la validité du chemin jaïn pour l'atteindre. Il ne s'agit pas d'une foi aveugle ou dogmatique, mais d'une compréhension intellectuelle et intuitive de la vérité jaïne, basée sur l'étude, la réflexion et l'expérience. La Vision Juste implique de voir le monde et soi-même selon la perspective jaïne, en reconnaissant la réalité de l'âme, du Karma et du cycle de réincarnation, et en aspirant à la libération comme objectif ultime de la vie.

La Connaissance Juste (Samyak Jnana) est le deuxième joyau, qui se développe à partir de la Vision Juste. Elle se réfère à la compréhension correcte et précise de la doctrine jaïne, obtenue par l'étude des écritures (Agamas), l'apprentissage auprès de maîtres spirituels et la contemplation. La Connaissance Juste n'est pas simplement l'accumulation d'informations intellectuelles, mais la compréhension profonde et vécue des principes jaïns, qui se traduit par la sagesse et le discernement. Elle inclut la connaissance de la nature de l'âme, du Karma, des étapes du voyage spirituel (Gunasthanas), des pratiques ascétiques et du chemin vers la libération. La Connaissance Juste permet au pratiquant de discerner le bien du mal, de prendre des décisions éthiques et de suivre le chemin spirituel avec clarté et détermination.

La Conduite Juste (Samyak Charitra) est le troisième joyau, l'aboutissement des deux précédents. Elle se réfère à la pratique éthique et morale en conformité avec les principes jaïns, en particulier l'Ahimsa (non-violence). La Conduite Juste englobe tous les aspects de la vie, des actions physiques et verbales aux pensées et intentions. Elle implique de vivre selon les vœux jaïns, de pratiquer l'ascétisme, la méditation, l'autodiscipline et de cultiver des vertus telles que la compassion, l'honnêteté, la non-convoitise et le détachement. La Conduite Juste est le côté pratique du voyage spirituel, l'application concrète des principes jaïns dans la vie quotidienne, visant la purification du Karma et le progrès vers la libération.

Les Trois Joyaux se manifestent concrètement dans les Cinq Grands Vœux (Mahavratas), qui représentent les préceptes éthiques fondamentaux pour les moines et nonnes jaïns, ceux qui ont complètement renoncé à la vie mondaine et se sont consacrés intégralement au chemin spirituel. Ces cinq vœux sont : Ahimsa (Non-violence), Satya (Vérité), Asteya (Non-vol), Brahmacharya (Chasteté) et Aparigraha (Non-possessivité). Ils représentent l'expression maximale de l'éthique jaïne et un guide rigoureux pour la conduite morale et spirituelle.

Ahimsa (Non-violence), comme déjà mentionné, est la pierre angulaire de l'éthique jaïne. Le Premier Grand Vœu exige la non-violence absolue en pensée, en parole et en action, envers tous les êtres vivants, des plus grands animaux aux plus petits micro-organismes. Pour les moines et les nonnes, cela signifie un engagement extrême envers la non-violence, évitant toute forme de dommage ou de souffrance à toute créature. Ils suivent des règles strictes dans leur alimentation, leurs mouvements et leurs interactions avec le monde, cherchant à minimiser au maximum tout impact négatif sur d'autres formes de vie.

Satya (Vérité), le Deuxième Grand Vœu, exige la véracité absolue en toutes circonstances. Cela signifie s'abstenir de mentir, de tromper, de déformer la vérité ou d'utiliser le langage de manière préjudiciable. Pour les ascètes jaïns, la recherche de la vérité est fondamentale, et la parole doit être utilisée avec prudence et responsabilité, en recherchant toujours la clarté, l'honnêteté et la non-violence dans la communication.

Asteya (Non-vol), le Troisième Grand Vœu, exige l'abstention complète de voler ou de s'approprier quelque chose qui n'a pas été donné librement. Pour les moines et les nonnes, cela signifie non seulement éviter le vol au sens conventionnel, mais aussi ne rien accepter qui ne soit offert spontanément, vivant avec simplicité et se contentant de ce qui est essentiel à la survie.

Brahmacharya (Chasteté), le Quatrième Grand Vœu, exige l'abstention totale de l'activité sexuelle et la pratique du célibat absolu. Pour les ascètes jaïns, l'énergie sexuelle est considérée comme une force puissante qui peut détourner l'esprit de la quête spirituelle et créer un attachement au monde matériel. Le Brahmacharya vise à canaliser cette énergie vers la pratique spirituelle, en favorisant la pureté mentale et l'autodiscipline.

Aparigraha (Non-possessivité), le Cinquième Grand Vœu, exige le détachement complet des biens matériels et la réduction de la possession au strict minimum. Pour les moines et les nonnes, cela signifie vivre sans possessions, dépendant de la charité des laïcs pour les besoins fondamentaux tels que la nourriture, les vêtements et le logement. L'Aparigraha vise à surmonter l'attachement au monde matériel, en reconnaissant que la véritable richesse réside dans l'âme et non dans les possessions extérieures.

Pour les laïcs et laïques (Shravakas et Shravikas), qui vivent dans le monde et n'ont pas renoncé à la vie familiale et professionnelle, sont prescrits les Cinq Vœux Mineurs (Anuvratas). Ces vœux représentent une adaptation des Cinq Grands Vœux à la vie laïque, permettant aux pratiquants jaïns de suivre les principes éthiques dans leur contexte quotidien, sans la rigueur extrême du monachisme. Les Anuvratas sont Ahimsa Anuvrata (Non-violence mineure), Satya Anuvrata (Vérité mineure), Asteya Anuvrata (Non-vol mineur), Brahmacharya Anuvrata (Chasteté mineure) et Aparigraha Anuvrata (Non-possessivité mineure). Bien que moins rigoureux que les Mahavratas, les Anuvratas représentent un engagement sérieux envers l'éthique jaïne et un chemin progressif vers la purification et le progrès spirituel dans la vie laïque.

En résumé, les Trois Joyaux et les Cinq Grands Vœux (et Anuvratas) constituent le cœur de l'éthique et de la pratique jaïne. Ils représentent un système interconnecté de principes qui visent la transformation complète de l'individu, de la vision du monde et de la connaissance intellectuelle à la conduite morale et aux pratiques spirituelles. En suivant ce chemin, les jaïns cherchent à purifier leurs âmes du Karma, à surmonter la souffrance et à atteindre la libération finale (Moksha), l'état de paix, de béatitude et de connaissance infinies. Dans les prochains chapitres, nous explorerons en profondeur chacun de ces principes, en dévoilant leurs nuances et leurs implications pour la vie jaïne et pour le monde contemporain.

Chapitre 6
La Pierre Angulaire de l'Éthique Jaïne

S'il existe un principe qui définit et imprègne le jaïnisme dans sa totalité, c'est sans aucun doute l'Ahimsa, la non-violence. Plus qu'un simple précepte éthique, l'Ahimsa s'élève au rang de pierre angulaire, le fondement sur lequel toute la structure morale, spirituelle et pratique du jaïnisme est construite. Il ne s'agit pas seulement d'une recommandation pour éviter la violence, mais d'un impératif absolu, un engagement inébranlable envers la non-agression et le respect de toute forme de vie, dans toutes les dimensions de l'existence. Comprendre la profondeur et la portée de l'Ahimsa est essentiel pour pénétrer l'univers jaïn et entrevoir sa contribution unique à l'éthique et à la spiritualité mondiales.

La définition et la portée du concept d'Ahimsa dans le jaïnisme dépassent de loin la compréhension superficielle de la non-violence physique. L'Ahimsa ne se limite pas à éviter les actes d'agression physique contre d'autres êtres humains ou animaux. Elle englobe, de manière cruciale, la non-violence verbale et mentale. En effet, le jaïnisme souligne que la violence peut se manifester à trois niveaux distincts : par le corps (physique), la parole (verbale) et la pensée (mentale).

Chacun de ces niveaux est tout aussi important et interconnecté, et le véritable pratiquant de l'Ahimsa cherche à cultiver la non-violence dans les trois dimensions.

La non-violence physique (Kayik Ahimsa) se réfère à l'abstention de tout acte causant des dommages physiques, de la souffrance ou la mort à tout être vivant. Cela inclut non seulement les actes directs de violence, comme l'agression physique ou le meurtre, mais aussi les actions indirectes qui peuvent entraîner des dommages, comme l'exploitation des animaux, la destruction de l'environnement ou la négligence du bien-être d'autres créatures. Le végétarisme strict jaïn, par exemple, est une expression directe de la Kayik Ahimsa, cherchant à éviter toute participation à la violence inhérente à la production de viande et d'autres produits d'origine animale.

La non-violence verbale (Vachik Ahimsa) concerne l'utilisation du langage de manière pacifique, honnête et constructive. Elle implique d'éviter les mots qui peuvent blesser, insulter, diffamer, tromper ou causer une souffrance émotionnelle à autrui. La Vachik Ahimsa encourage la communication compatissante, douce et véridique, cherchant toujours l'harmonie, la compréhension mutuelle et la résolution pacifique des conflits. Le silence, dans certaines situations, peut être considéré comme une forme de Vachik Ahimsa, lorsque parler pourrait générer de la discorde ou de la violence.

La non-violence mentale (Manasik Ahimsa), peut-être la dimension la plus subtile et la plus difficile de l'Ahimsa, se réfère à la purification de l'esprit des pensées violentes, agressives, haineuses ou nuisibles. Elle implique de cultiver la bienveillance, la compassion, l'empathie et l'amour envers tous les êtres. La Manasik Ahimsa cherche à éradiquer les racines de la violence dans l'esprit même, reconnaissant que les pensées sont les précurseurs des paroles et des actions. La méditation et l'autodiscipline mentale sont des pratiques essentielles pour cultiver la Manasik Ahimsa et transformer l'esprit en un instrument de paix et d'harmonie.

La base philosophique de l'Ahimsa dans le jaïnisme réside dans le concept de Jiva. Jiva, dans le jaïnisme, se réfère à l'âme individuelle, la conscience pure et éternelle qui anime tous les êtres vivants. La croyance fondamentale est que tous les êtres vivants, des êtres humains aux plus petits micro-organismes, possèdent une Jiva et, par conséquent, possèdent la même capacité à ressentir la douleur, la souffrance et la joie. Cette vision d'unité et d'interconnexion de toute vie fonde le respect jaïn pour toutes les formes de vie et l'impératif de l'Ahimsa.

L'Ahimsa comme respect de toutes les formes de vie (Jiva) signifie reconnaître la sacralité et la dignité inhérentes à chaque créature vivante. Il ne s'agit pas de hiérarchiser les formes de vie ou de considérer certaines comme plus précieuses que d'autres. Pour le jaïn, toute vie est précieuse et mérite d'être protégée et respectée. Cette vision globale de la vie s'étend non seulement aux animaux, mais aussi aux plantes, aux insectes, aux micro-organismes et même aux éléments de la nature, comme l'eau et l'air, qui sont considérés comme possédant des formes subtiles de Jiva. Cette profonde révérence pour la vie est ce qui motive le végétarisme radical, les pratiques ascétiques et le style de vie jaïn.

Les implications pratiques de l'Ahimsa dans la vie quotidienne sont vastes et étendues. Elles imprègnent tous les aspects de l'existence jaïne, de l'alimentation et de la profession au comportement et aux relations sociales. Dans l'alimentation, l'Ahimsa se manifeste dans le végétarisme strict, qui exclut la viande, le poisson, les œufs et, dans certaines traditions jaïnes, même les racines et les tubercules, car ils sont considérés comme impliquant la mort ou la souffrance d'êtres vivants. Le régime alimentaire jaïn est basé sur les céréales, les légumineuses, les fruits, les légumes et les produits laitiers (pour ceux qui ne suivent pas le végétalisme végan), cherchant à minimiser au maximum l'impact sur les autres formes de vie.

Dans la profession, les jaïns sont encouragés à choisir des activités compatibles avec le principe de l'Ahimsa, évitant les professions impliquant la violence, l'exploitation des animaux ou la dégradation de l'environnement. Des professions telles que la médecine, l'enseignement, le service social, les arts et le commerce équitable sont considérées comme plus alignées sur les valeurs jaïnes que des professions telles que la chasse, la pêche, l'abattage d'animaux, la production d'armes ou des activités qui causent de la pollution et la destruction de l'environnement.

Dans le comportement quotidien, l'Ahimsa s'exprime par la gentillesse, la compassion, l'honnêteté, la tolérance et le respect envers tous les êtres. Les jaïns sont encouragés à éviter la colère, la haine, la jalousie, l'orgueil et d'autres émotions négatives qui peuvent conduire à la violence. Ils cherchent à cultiver la patience, l'humilité, la générosité et l'empathie, en recherchant toujours le bien-être et le bonheur de tous.

L'Ahimsa et la compassion universelle (Karuna) sont des concepts intrinsèquement liés dans le jaïnisme. L'Ahimsa n'est pas seulement l'absence de violence, mais aussi la présence active de la compassion et de l'amour pour tous les êtres. Karuna, la compassion universelle, est l'émotion qui naît naturellement de la compréhension de l'interconnexion de toute vie et de la reconnaissance de la souffrance d'autrui comme notre propre souffrance. La compassion jaïne ne se limite pas aux êtres humains, mais s'étend à tous les êtres vivants, sans distinction. Elle motive l'action altruiste, le service désintéressé et la recherche du soulagement de la souffrance sous toutes ses formes.

Enfin, l'Ahimsa comme chemin vers la paix intérieure et extérieure révèle sa profonde pertinence tant sur le plan individuel que collectif. En cultivant la non-violence dans toutes les dimensions de la vie, le pratiquant jaïn cherche à atteindre la paix intérieure, la sérénité mentale et la libération du cycle de la souffrance. L'Ahimsa purifie l'esprit des émotions négatives, apaise les passions et favorise l'harmonie intérieure. En même temps, l'Ahimsa contribue à la paix extérieure, à la construction d'une société plus juste, pacifique et durable. Le message de la non-violence jaïne résonne avec urgence dans un monde marqué par les conflits, les guerres et les inégalités, offrant un chemin pour la transformation personnelle et sociale, vers un avenir de paix et d'harmonie universelle.

En résumé, l'Ahimsa jaïne est bien plus que la simple absence de violence. C'est un principe éthique global et profond, un chemin spirituel complet qui imprègne tous les aspects de la vie. En embrassant l'Ahimsa dans sa totalité, le jaïn cherche à purifier son âme, à cultiver la compassion universelle et à contribuer à la paix intérieure et extérieure. L'Ahimsa, la pierre angulaire de l'éthique jaïne, est un phare d'espoir dans un monde troublé, une invitation à la transformation personnelle et sociale, et un chemin vers la réalisation de la vraie nature humaine : la nature de la paix, de l'amour et de la non-violence.

Chapitre 7
L'Épistémologie Jaïne

Dans l'édifice philosophique complexe du Jaïnisme, se dressent deux piliers épistémologiques qui confèrent singularité et profondeur à sa vision du monde : Anekantavada et Syadvada. Ces concepts, intrinsèquement liés et complémentaires, représentent l'approche jaïne de la compréhension de la réalité, de la connaissance et de la vérité. Loin des dogmatismes et des affirmations absolues, le Jaïnisme, à travers Anekantavada et Syadvada, propose une épistémologie relativiste, ouverte et tolérante, reconnaissant la complexité inhérente à l'existence et la limitation de la perspective humaine pour l'appréhender dans sa totalité. Explorer ces concepts, c'est pénétrer au cœur de la philosophie jaïne et dévoiler sa vision unique sur la nature de la connaissance et de la vérité.

Anekantavada, qui se traduit par "doctrine de la non-unilatéralité" ou "doctrine de la multiplicité des aspects", est le principe jaïn du relativisme métaphysique et épistémologique. Dans son essence, Anekantavada affirme que la réalité est multifacette, complexe et possède d'innombrables aspects. Aucun objet, événement ou concept ne peut être compris dans sa totalité à partir d'une seule perspective, car la vérité est relative au point de vue, au temps, au lieu et aux circonstances. Cette doctrine remet en question la vision linéaire et dualiste de la réalité, proposant une compréhension plus riche et nuancée, qui reconnaît la diversité et l'interconnexion de tous les phénomènes.

L'implication fondamentale d'Anekantavada est la relativité de la vérité. Pour le Jaïnisme, il n'existe pas de vérité absolue, unique et immuable, accessible à une seule perspective. La vérité est toujours partielle, relative et dépendante du point de vue de l'observateur. Chaque perspective révèle seulement un aspect de la réalité, et la compréhension complète de la vérité requiert l'intégration de multiples perspectives, la considération de différents angles et le dépassement de la vision unilatérale. Cette relativité de la vérité n'implique pas le scepticisme ou le nihilisme, mais plutôt l'humilité épistémologique et la tolérance intellectuelle.

Syadvada, la "doctrine du 'Syat'" ou "doctrine de la prédication conditionnelle", est l'expression logique et linguistique d'Anekantavada. *Syat*, en sanskrit, signifie "peut-être", "possiblement", "en un certain sens". Syadvada propose que toutes les affirmations sur la réalité doivent être qualifiées par l'adverbe "Syat", indiquant qu'elles ne sont que partiellement vraies, valables seulement sous certaines conditions et perspectives. Cette logique de la prédication conditionnelle vise à éviter les affirmations dogmatiques et absolues, reconnaissant la limitation du langage et de l'esprit humain pour exprimer la complexité de la réalité.

Syadvada se manifeste sous la forme de Saptabhangi, la "logique des sept prédications" ou "sept modes de prédication". Saptabhangi est un système logique qui utilise sept propositions pour exprimer la complexité de toute affirmation sur la réalité, en considérant les différentes perspectives et possibilités. Les sept propositions sont :

Syat asti : "En un certain sens, c'est" (Affirmation de l'existence sous une perspective).

Syat nasti : "En un certain sens, ce n'est pas" (Négation de l'existence sous une autre perspective).

Syat asti ca nasti ca : "En un certain sens, c'est et ce n'est pas" (Affirmation et négation simultanées sous différentes perspectives).

Syat avaktavyam : "En un certain sens, c'est indescriptible" (Inexpressibilité totale sous une perspective).

Syat asti ca avaktavyam ca : "En un certain sens, c'est et c'est indescriptible" (Affirmation et inexpressibilité simultanées sous différentes perspectives).

Syat nasti ca avaktavyam ca : "En un certain sens, ce n'est pas et c'est indescriptible" (Négation et inexpressibilité simultanées sous différentes perspectives).

Syat asti ca nasti ca avaktavyam ca : "En un certain sens, c'est, ce n'est pas et c'est indescriptible" (Affirmation, négation et inexpressibilité simultanées sous différentes perspectives).

Saptabhangi ne doit pas être interprétée comme une forme de confusion ou d'indécision, mais plutôt comme un outil pour l'analyse profonde et multifacette de la réalité. En utilisant la logique conditionnelle de Syadvada, le Jaïnisme cherche à éviter le dogmatisme, la rigidité et la vision unilatérale, promouvant la flexibilité mentale, l'ouverture à différentes perspectives et la compréhension de la complexité inhérente à la vérité.

Pour aider à l'application d'Anekantavada et de Syadvada, le Jaïnisme utilise Nayavada, la "doctrine des points de vue" ou "doctrine des perspectives partielles". *Naya* signifie "point de vue", "perspective", "angle de vision". Nayavada reconnaît qu'il existe d'innombrables points de vue possibles pour aborder toute réalité, chacun révélant un aspect particulier et partiel de la vérité. En utilisant Nayavada, le Jaïnisme nous invite à considérer différentes perspectives avant de former un jugement ou d'arriver à une conclusion, reconnaissant qu'aucune perspective unique n'est suffisante pour appréhender la totalité de la vérité.

Nayavada classe les points de vue en diverses catégories, comme Dravyarthikanaya (point de vue substantiel), qui se concentre sur la substance ou l'essence permanente d'un objet, et Paryayarthikanaya (point de vue modal), qui se concentre sur les qualités changeantes et les modes d'un objet. En considérant les deux points de vue, par exemple, nous pouvons comprendre qu'une âme (Jiva) est substantiellement éternelle et immuable (Dravyarthikanaya), mais se manifeste aussi à travers différents états et qualités changeantes (Paryayarthikanaya) tout au long du cycle de réincarnation. Nayavada nous aide à éviter la vision réductrice et unilatérale, en intégrant différentes perspectives pour une compréhension plus complète et équilibrée.

L'importance de l'humilité intellectuelle et de la tolérance dans la philosophie jaïne découle directement d'Anekantavada et de Syadvada. En reconnaissant la relativité de la vérité et la limitation de la perspective humaine, le Jaïnisme promeut une posture d'humilité intellectuelle, qui reconnaît que notre connaissance est toujours partielle et incomplète, et que nous sommes toujours sujets aux erreurs et aux équivoques. Cette humilité intellectuelle nous conduit à la tolérance, au respect des différentes opinions et croyances, et à l'ouverture au dialogue et à l'apprentissage avec les autres. Le Jaïnisme nous enseigne à éviter le jugement précipité, à condamner les opinions d'autrui et à nous attacher dogmatiquement à nos propres croyances, reconnaissant que la vérité peut se manifester de diverses formes et sous différentes perspectives.

Enfin, Anekantavada et Syadvada, en tant qu'outils pour résoudre les conflits et promouvoir le dialogue, révèlent leur profonde pertinence pratique et sociale. Dans un monde marqué par des conflits idéologiques, religieux et politiques, l'épistémologie jaïne offre un chemin vers la compréhension mutuelle, la résolution pacifique des divergences et la construction de ponts entre différentes perspectives. En reconnaissant que chaque partie d'un conflit peut avoir une part de vérité, que différentes opinions peuvent être valables sous différents points de vue, et que la vérité complète émerge du dialogue et de l'intégration de multiples perspectives, Anekantavada et Syadvada nous permettent de dépasser le dogmatisme, l'intolérance et la vision unilatérale, promouvant l'harmonie sociale, la coopération et la recherche de solutions consensuelles.

En résumé, Anekantavada et Syadvada, l'épistémologie jaïne, représentent une contribution singulière à la philosophie et à la spiritualité mondiale. En proposant une vision relativiste de la vérité, une logique conditionnelle et l'utilisation de multiples perspectives, le Jaïnisme nous invite à dépasser le dogmatisme, l'intolérance et la vision unilatérale, cultivant l'humilité intellectuelle, la tolérance, le dialogue et la recherche d'une compréhension plus riche et complète de la réalité. Ces principes épistémologiques ne sont pas seulement des abstractions philosophiques, mais aussi des outils pratiques pour la vie quotidienne, qui nous permettent de construire des relations plus harmonieuses, de résoudre les conflits de manière pacifique et de parcourir le chemin spirituel avec sagesse, discernement et ouverture d'esprit. Dans le prochain chapitre, nous explorerons la Théorie du Karma dans le Jaïnisme, dévoilant la loi de cause à effet spirituelle qui fonde l'éthique et la pratique jaïne, et qui se connecte profondément avec l'épistémologie relativiste d'Anekantavada et Syadvada.

Chapitre 8
La Loi de Cause à Effet Spirituelle

Dans le système philosophique complexe du jaïnisme, la théorie du karma occupe une place centrale, agissant comme le rouage principal qui fait tourner la roue de l'existence, façonnant les expériences de chaque être vivant et propulsant le voyage spirituel vers la libération. Contrairement à d'autres conceptions du karma présentes dans d'autres traditions indiennes, le jaïnisme offre une vision unique et profondément détaillée du karma, non pas comme un destin prédéterminé ou une force abstraite, mais plutôt comme une substance subtile, matérielle et réelle, qui s'accumule dans l'âme (Jiva) en réponse aux actions, pensées et intentions de chaque individu. Dévoiler la théorie du karma jaïn est crucial pour comprendre l'éthique, la pratique ascétique et l'objectif final de la libération (Moksha) au sein de cette tradition.

Le concept de karma comme substance subtile est l'une des caractéristiques distinctives de la théorie jaïne. Dans le jaïnisme, le karma n'est pas simplement une loi morale de cause à effet, mais plutôt une entité quasi physique, *Pudgala* (matière) subtile, qui adhère à l'âme, obscurcissant sa pureté inhérente et l'emprisonnant dans le cycle de la naissance, de la mort et de la renaissance.

Cette substance karmique est décrite comme étant extrêmement fine et subtile, pénétrant dans l'âme et influençant ses facultés cognitives, émotionnelles et volitives. La métaphore fréquemment utilisée est celle de la poussière fine qui s'accumule sur un miroir, obscurcissant sa capacité à refléter la lumière. De la même manière, le karma obscurcit la nature pure et lumineuse de l'âme, l'empêchant de manifester son potentiel maximum.

Il existe différentes catégories de karma dans le jaïnisme, classées en fonction de leurs effets et de la manière dont elles influencent l'âme. La principale distinction est entre *Ghatiya Karma* (karmas obstructifs) et *Aghatiya Karma* (karmas non obstructifs). Les *Ghatiya Karmas* sont ceux qui obstruent les facultés intrinsèques de l'âme, l'empêchant de manifester sa connaissance infinie, sa perception infinie, sa béatitude infinie et son pouvoir infini. Il existe quatre types principaux de *Ghatiya Karma* :

- *Jnanavaraniya Karma* (karma qui obscurcit la connaissance) : Empêche l'âme d'atteindre la Connaissance Juste (*Samyak Jnana*), générant ignorance et illusion.
- *Darshanavaraniya Karma* (karma qui obscurcit la perception) : Empêche l'âme d'atteindre la Vision Juste (*Samyak Darshana*), générant incrédulité et vision déformée de la réalité.
- *Mohaniya Karma* (karma qui génère l'illusion) : Obscurcit la capacité de l'âme à expérimenter la vraie béatitude, générant attachement, aversion, passions et émotions perturbatrices.

- *Antaraya Karma* (karma qui obstrue le pouvoir) : Empêche l'âme d'exercer son pouvoir inhérent, générant obstacles et empêchements dans la pratique spirituelle et dans la réalisation d'actions méritoires.

Les *Aghatiya Karmas*, d'autre part, sont des karmas non obstructifs, qui affectent les conditions externes de la vie de l'âme, comme le corps, la durée de la vie, les circonstances sociales et le plaisir/souffrance, mais n'obstruent pas directement ses facultés intrinsèques. Il existe également quatre types principaux d'*Aghatiya Karma* :
- *Vedaniya Karma* (karma qui cause l'expérience) : Responsable des expériences de plaisir et de souffrance, générant sensations agréables et désagréables.
- *Ayu Karma* (karma qui détermine la durée de la vie) : Définit le temps de vie dans chaque incarnation, déterminant la période d'existence dans un corps donné.
- *Nama Karma* (karma qui définit l'individualité) : Responsable de la formation du corps physique, de ses caractéristiques, de ses capacités et de ses prédispositions, conférant individualité et forme à chaque être.
- *Gotra Karma* (karma qui détermine le statut social) : Définit les circonstances sociales de naissance, la famille, la caste, la richesse et la position sociale, influençant l'environnement de vie et les opportunités disponibles.

Les mécanismes de liaison (*Bandha*), de fruition (*Vedana*), d'effusion (*Nirjara*) et de libération (*Moksha*) du karma décrivent le cycle d'accumulation, d'expérience et d'élimination de la substance karmique dans l'âme. *Bandha* (liaison) est le processus par lequel le karma adhère à l'âme en réponse aux actions, pensées et intentions. La liaison du karma est influencée par divers facteurs, tels que l'intensité des émotions (*Kashaya*), la nature de l'action (*Yoga*), la modalité de l'action (*Karana*) et la cause de l'action (*Adhikarana*). Les actions impulsées par des passions intenses, comme la colère, la haine, l'attachement et l'orgueil, génèrent un karma plus dense et durable, tandis que les actions motivées par la compassion, le détachement et la sagesse génèrent un karma plus léger et transitoire.

Vedana (fruition) est le processus d'expérimentation des résultats du karma accumulé. Tout comme une graine plantée germe et produit des fruits, le karma mûrit au fil du temps et se manifeste comme des expériences de plaisir et de souffrance, de santé et de maladie, de succès et d'échec, et d'autres vicissitudes de la vie. La fruition du karma n'est pas une punition divine ou une récompense arbitraire, mais plutôt la conséquence naturelle et inévitable de la loi de cause à effet spirituelle.

Nirjara (effusion) est le processus d'élimination ou de "brûlage" du karma accumulé, libérant l'âme de son influence. Il existe deux formes principales de *Nirjara* : *Savipaka Nirjara* (effusion spontanée) et *Avipaka Nirjara* (effusion intentionnelle). *Savipaka Nirjara* se produit naturellement au fil du temps, lorsque le karma mûrit et s'épuise par la fruition. *Avipaka Nirjara*, d'autre part, est un processus actif et intentionnel, qui implique la pratique ascétique, la méditation, le repentir et la conduite éthique, visant à accélérer l'élimination du karma et à purifier l'âme.

Moksha (libération) est l'objectif final du voyage spirituel jaïn, l'état de libération complète et permanente du cycle de réincarnation et du joug du karma. *Moksha* est atteint lorsque tous les karmas, aussi bien *Ghatiya* qu'*Aghatiya*, sont complètement éradiqués de l'âme. Dans cet état, l'âme manifeste sa nature pure et originale, libre de toute obscurcissement ou limitation, expérimentant la connaissance infinie, la perception infinie, la béatitude infinie et le pouvoir infini. L'âme libérée (*Siddha*) monte au sommet de l'univers (*Siddhashila*) et demeure dans un état d'éternelle béatitude et de perfection.

La responsabilité individuelle pour les actions et leurs conséquences karmiques est un principe fondamental de la théorie du karma jaïn. Dans le jaïnisme, chaque individu est le seul architecte de son propre destin, responsable de ses actions, pensées et intentions, et récoltant les fruits (karmiques) de ses choix. Il n'existe aucun agent extérieur, comme un Dieu ou une force surnaturelle, qui détermine le destin de l'âme. Chaque être est libre de choisir ses actions et, par conséquent, est entièrement responsable des conséquences karmiques qui découlent de ces choix. Cette insistance sur la responsabilité individuelle confère un grand pouvoir et une grande autonomie à l'individu dans son voyage spirituel.

Enfin, le karma en tant que moteur de la réincarnation et du voyage spirituel révèle son rôle central dans la cosmovision jaïne. La loi du karma est le mécanisme qui propulse le cycle de réincarnation (*Samsara*), maintenant l'âme prisonnière du monde matériel jusqu'à ce qu'elle se libère du joug du karma. Les actions vertueuses (*Punya Karma*) génèrent des résultats positifs, tels que des renaissances dans des conditions favorables et des expériences agréables, tandis que les actions non vertueuses (*Papa Karma*) génèrent des résultats négatifs, tels que des renaissances dans des conditions défavorables et des expériences douloureuses. Le voyage spirituel jaïn est, en essence, un voyage de purification karmique, visant à éliminer le karma négatif accumulé et à éviter l'accumulation de nouveau karma négatif, jusqu'à ce que l'âme devienne complètement libre du joug karmique et atteigne la libération finale (*Moksha*).

En résumé, la théorie du karma dans le jaïnisme est un système complexe et sophistiqué qui explique la loi de cause à effet spirituelle de manière détaillée et complète. En comprenant la nature du karma comme substance subtile, ses différentes catégories, les mécanismes de liaison, de fruition, d'effusion et de libération, et la responsabilité individuelle pour les actions, le pratiquant jaïn est habilité à parcourir le chemin spirituel avec sagesse, discernement et détermination, cherchant la purification de l'âme, le dépassement de la souffrance et la conquête de la libération finale (*Moksha*). Dans le prochain chapitre, nous explorerons les concepts de *Jiva* et *Ajiva*, l'âme et le non-âme, dans la cosmovision jaïne, approfondissant notre compréhension de la nature de l'âme et de sa relation avec le monde matériel, dans le contexte de la théorie du karma.

Chapitre 9
L'Âme et le Non-Âme

Au cœur de la cosmovision jaïne réside une distinction fondamentale qui imprègne toute sa philosophie et sa pratique : la dichotomie entre Jiva (Âme) et Ajiva (Non-Âme). Cette dualité ontologique, bien qu'apparemment simpliste à première vue, se déploie en un réseau complexe de concepts et de catégories qui élucident la nature de l'existence, l'origine de la souffrance et le chemin vers la libération. Comprendre la distinction entre Jiva et Ajiva est essentiel pour appréhender la vision jaïne de l'univers, de l'âme humaine et de l'objectif ultime de la vie spirituelle.

Jiva, dans le jaïnisme, se réfère à l'âme individuelle, consciente et éternelle. C'est l'entité vivante, sentiente et pensante, qui anime tous les êtres vivants, des êtres humains aux plus petits micro-organismes. La caractéristique fondamentale du Jiva est la conscience (Chetana), la capacité de connaître, de percevoir, de ressentir et d'expérimenter. Dans le jaïnisme, la croyance en l'existence de l'âme individuelle et éternelle est axiomatique, un point de départ incontestable pour toute sa philosophie et sa pratique.

L'âme (Jiva) est décrite comme étant intrinsèquement pure, lumineuse et parfaite, possédant des qualités intrinsèques telles que la connaissance infinie (Ananta Jnana), la perception infinie (Ananta Darshana), la béatitude infinie (Ananta Sukha) et l'énergie infinie (Ananta Virya). Cependant, cette pureté originelle de l'âme se trouve obscurcie et emprisonnée par la matière (Ajiva) et le Karma. L'âme, dans son état conditionné, est comme une lampe recouverte de poussière, dont la lumière est obscurcie par les impuretés.

Ajiva, quant à lui, englobe les catégories du non-âme, les éléments non-conscients et non-vivants qui constituent l'univers matériel. Tandis que Jiva représente le principe de la vie et de la conscience, Ajiva représente le principe de la matière et de l'inertie. Le jaïnisme catégorise Ajiva en cinq substances principales :

Pudgala (Matière) : Se réfère à toute la matière physique, tant grossière que subtile, qui compose le monde matériel. Il inclut les cinq éléments classiques (terre, eau, feu, air et éther), ainsi que les atomes, les particules subatomiques et toutes les formes de matière que nous percevons à travers les sens. Pudgala est caractérisée par la forme, la couleur, l'odeur, le goût et le toucher, et est intrinsèquement non-consciente et inerte.

Akasha (Espace) : C'est la substance qui fournit l'espace et la localisation pour tous les autres Dravyas (substances). Akasha est infini, illimité et omniprésent, imprégnant tout l'univers. Il est divisé en Lokakasha (Espace Occupé), la région de l'univers où résident les Jivas et les autres Dravyas, et Alokakasha (Espace

Vide), la région infinie au-delà du Lokakasha, qui est dépourvue de Dravyas.

Kala (Temps) : C'est la substance qui rend possible le changement, la durée et la séquence des événements. Le temps, dans le jaïnisme, est conçu comme cyclique et éternel, divisé en cycles cosmiques d'ascension et de déclin (Utsarpini et Avasarpini). Kala est mesuré en unités de temps infinitésimales (Samaya) et en unités plus grandes comme les heures, les jours, les années et les ères cosmiques.

Dharma (Principe du Mouvement) : Ne se réfère pas au Dharma dans le sens de "loi" ou d'"enseignement", mais plutôt à une substance unique qui facilite le mouvement des Jivas et des Pudgalas. Dharma est omniprésent dans le Lokakasha, mais passif et inerte en lui-même. Tout comme l'eau facilite le mouvement des poissons, Dharma facilite le mouvement des Jivas et des Pudgalas dans l'espace.

Adharma (Principe du Repos) : Semblable à Dharma, Adharma ne se réfère pas au "non-Dharma" ou à l'"injustice", mais plutôt à une substance qui facilite le repos des Jivas et des Pudgalas. Adharma est également omniprésent dans le Lokakasha et inerte en lui-même. Tout comme l'ombre d'un arbre facilite le repos de ceux qui cherchent un abri, Adharma facilite le repos des Jivas et des Pudgalas dans l'espace.

L'interaction entre Jiva et Ajiva est au cœur de l'expérience conditionnée et de la liaison karmique. Bien que Jiva et Ajiva soient des substances distinctes et opposées par nature (conscience vs. non-conscience), elles interagissent continuellement dans le monde matériel, donnant naissance au phénomène de la vie et de la souffrance. La liaison karmique (Bandha) se produit lorsque l'âme (Jiva) s'associe à la matière (Pudgala) à travers des actions, des pensées et des intentions impulsées par des passions et des émotions perturbatrices (Kashayas). Cette interaction entraîne l'accumulation de Karma sur l'âme, obscurcissant sa pureté originelle et l'emprisonnant dans le cycle de la réincarnation.

Le processus de liaison karmique est comparé au mélange du lait et de l'eau. Tout comme l'eau se mélange au lait et qu'il devient difficile de les séparer, le Karma se mélange à l'âme, obscurcissant ses qualités intrinsèques et créant une identité conditionnée. Cette identité conditionnée, impulsée par le Karma, conduit l'âme à expérimenter le cycle de la naissance, de la mort et de la renaissance, en recherchant des plaisirs illusoires dans le monde matériel et en subissant les conséquences de ses actions karmiques.

La quête de la libération du Jiva de l'influence de l'Ajiva est l'objectif central de la pratique jaïne. Le chemin vers la libération (Moksha) implique la purification de l'âme de l'influence de la matière et du Karma, à travers la pratique de l'Ahimsa, de l'ascétisme, de la méditation et de l'autodiscipline. En éliminant progressivement le Karma accumulé et en évitant l'accumulation de nouveau Karma, l'âme devient progressivement plus pure et lumineuse, manifestant ses qualités intrinsèques de connaissance, de perception, de béatitude et de pouvoir infinis.

La vision jaïne de l'interconnexion de tous les êtres et éléments de l'univers émerge de la compréhension de la relation entre Jiva et Ajiva. Bien que Jiva et Ajiva soient des catégories distinctes, ils sont interconnectés et interdépendants dans le contexte de l'expérience conditionnée. Tous les êtres vivants, possédant un Jiva, partagent la même nature fondamentale de conscience et la même quête de libération de la souffrance. Les éléments de l'Ajiva, tels que la matière, l'espace, le temps, le mouvement et le repos, fournissent le cadre et les moyens pour la manifestation de la vie et de l'expérience conditionnée. Cette vision interconnectée favorise un sens de responsabilité universelle et un profond respect pour toutes les formes de vie et pour l'environnement.

En résumé, la distinction entre Jiva et Ajiva est un pilier fondamental de la cosmovision jaïne, élucidant la nature duale de l'existence conditionnée. Jiva, l'âme consciente et éternelle, cherche à se libérer de l'influence d'Ajiva, le monde matériel et non-conscient, à travers la purification karmique. La compréhension de cette dualité et de l'interaction entre Jiva et Ajiva est cruciale pour emprunter le chemin spirituel jaïn, en cherchant la libération du cycle de la souffrance et la réalisation de la véritable nature de l'âme. Dans le prochain chapitre, nous explorerons en détail le concept de Liaison et Libération (Moksha), l'objectif final du jaïnisme, en dévoilant le chemin vers la purification de l'âme et la conquête de la béatitude éternelle.

Chapitre 10
Liaison et Libération

Dans la vaste et complexe tapisserie du jaïnisme, un fil d'or brillant traverse chaque doctrine, pratique et précepte : la quête incessante de la Libération (Moksha). Cet état sublime et transcendantal est le pinacle du voyage spirituel jaïn, l'objectif ultime et suprême vers lequel convergent tous les efforts, aspirations et renoncements. Moksha représente la libération complète et permanente du cycle de la naissance, de la mort et de la renaissance (Samsara), l'extinction définitive de toute souffrance et la manifestation pleine de la vraie nature de l'âme dans sa pureté et sa perfection originelles. Pour comprendre l'essence du jaïnisme, il est impératif de plonger dans la profondeur du concept de Moksha, en dévoilant l'état de liaison qui le précède, le chemin ardu qui y mène et la béatitude indescriptible qui le caractérise.

Le point de départ pour la compréhension de Moksha est la reconnaissance de l'état de liaison (Bandha), la condition dans laquelle l'âme (Jiva) se trouve actuellement, emprisonnée par les impuretés karmiques. Comme nous l'avons exploré dans le chapitre précédent, l'âme, dans sa nature intrinsèque, est pure, lumineuse et parfaite. Cependant, en raison de son interaction avec le monde matériel (Ajiva) et de l'accumulation de Karma, cette pureté originelle est obscurcie et déformée. Le Bandha représente cette prison karmique, l'état dans lequel l'âme est liée au cycle du Samsara, sujette à la souffrance et à l'impermanence.

La liaison karmique n'est pas une imposition extérieure ou une punition divine, mais plutôt une conséquence auto-créée des propres actions, pensées et intentions de l'âme. Poussée par des passions et des émotions perturbatrices (Kashayas), l'âme s'engage dans des activités qui génèrent du Karma, comme un aimant qui attire des particules de fer. Ces particules karmiques, à leur tour, obscurcissent les facultés de l'âme, créant des voiles d'ignorance, d'attachement, d'aversion et d'illusion, qui la maintiennent prisonnière du cycle du Samsara. Le Bandha est donc un état d'auto-esclavage, où l'âme est enchaînée par les chaînes de son propre Karma.

La souffrance (Dukha) est la conséquence inévitable de l'état de liaison karmique. Dans le jaïnisme, la souffrance est reconnue comme une réalité fondamentale de l'existence conditionnée. Il ne s'agit pas seulement de la souffrance physique ou émotionnelle évidente, mais d'une insatisfaction existentielle profonde, un sentiment d'incomplétude, d'impermanence et de manque de paix qui imprègne toutes les expériences du cycle du Samsara. Cette souffrance (Dukha) découle de la nature même de l'existence conditionnée, qui est caractérisée par l'impermanence (Anitya), l'absence de substance durable (Anatma) et la source d'insatisfaction et de douleur (Dukkha).

La souffrance (Dukha) en tant que résultat de la liaison karmique se manifeste de nombreuses manières dans la vie quotidienne. Des douleurs physiques et des maladies aux angoisses émotionnelles et mentales, en passant par les pertes, les déceptions, les frustrations et l'inévitabilité même de la vieillesse, de la maladie et de la mort, la souffrance imprègne toutes les étapes de l'existence conditionnée. Le jaïnisme reconnaît que la souffrance n'est pas seulement une expérience individuelle, mais une condition universelle partagée par tous les êtres vivants pris au piège dans le cycle du Samsara. Cette compréhension de l'universalité de la souffrance motive la recherche de la libération et la compassion pour tous les êtres souffrants.

Le chemin de la libération (Moksha), dans le jaïnisme, est un parcours ardu, progressif et multiforme, qui implique la purification de l'âme de toutes les impuretés karmiques et la manifestation de sa vraie nature. Ce chemin est défini par les Trois Joyaux (Ratnatraya) : Vue Juste, Connaissance Juste et Conduite Juste, et est parcouru à travers la pratique rigoureuse des vœux jaïns, de l'ascétisme, de la méditation et de l'autodiscipline. L'objectif central du chemin de la libération est le déversement (Nirjara) de tout le Karma accumulé et la prévention de l'accumulation de nouveau Karma.

La purification de l'âme sur le chemin de Moksha implique à la fois l'élimination du Karma négatif (Papa Karma) et du Karma positif (Punya Karma). Bien que le Karma positif puisse générer des renaissances dans des conditions plus favorables et des expériences plus agréables, il maintient toujours l'âme prisonnière du cycle du Samsara et empêche la libération complète. Par conséquent, l'objectif ultime n'est pas seulement d'accumuler du Karma positif, mais d'éradiquer tout type de Karma, tant le bon que le mauvais, pour atteindre l'état de pureté absolue et de libération.

L'état de libération (Moksha) est décrit comme un état de perfection, de béatitude et de liberté infinies. Dans cet état, l'âme se libère complètement du cycle de la réincarnation et de toutes les formes de souffrance. Moksha n'est pas un lieu physique ou un paradis céleste, mais un état d'être, une transformation radicale de la conscience, où l'âme manifeste pleinement ses qualités intrinsèques de connaissance infinie, de perception infinie, de béatitude infinie et de pouvoir infini. C'est un état de paix, de sérénité et de joie inébranlables, libre de toute forme de douleur, de souffrance ou d'imperfection.

Dans l'état de Moksha, l'âme n'est plus soumise au Karma, ni à l'influence du monde matériel (Ajiva). Elle transcende les limitations du temps, de l'espace et de la causalité, atteignant un état d'éternité, d'omniscience et d'omnipotence dans sa propre nature. L'âme libérée (Siddha) réside dans un état de béatitude transcendantale, libre de tout besoin ou désir, en parfaite harmonie avec elle-même et avec l'univers. Moksha est l'état de réalisation suprême, l'objectif ultime du voyage spirituel jaïn, et la promesse d'un avenir de paix et de liberté pour tous les êtres.

Les caractéristiques du Jiva libéré (Siddha) révèlent la magnificence et la plénitude de l'état de

Moksha. Un Jiva libéré, un Siddha, possède quatre qualités infinies (Ananta Chatushtaya) :
- Connaissance Infinie (Ananta Jnana) : Le Siddha possède une connaissance parfaite et complète de tout ce qui existe, passé, présent et futur, dans tous les univers. Sa connaissance est libre de tout obscurcissement ou limitation.
- Perception Infinie (Ananta Darshana) : Le Siddha possède une perception parfaite et illimitée de tous les objets et événements, en tout temps et en tout lieu. Sa perception est claire, nette et libre de toute distorsion ou illusion.
- Béatitude Infinie (Ananta Sukha) : Le Siddha éprouve un bonheur et une béatitude inébranlables, qui transcendent tout plaisir ou joie terrestre. Sa béatitude est intrinsèque à sa propre nature pure et ne dépend pas de facteurs externes.
- Énergie Infinie (Ananta Virya) : Le Siddha possède un pouvoir et une énergie illimités, bien qu'il ne les utilise pas pour interférer dans le monde matériel ou exercer un contrôle sur d'autres êtres. Son énergie est dirigée vers le maintien de son état de perfection et de béatitude.

Outre ces quatre qualités infinies, le Siddha est également décrit comme possédant d'autres caractéristiques, telles que l'absence de forme physique, l'immortalité, l'omniprésence (dans le sens de ne pas être limité par l'espace) et la complète liberté de la souffrance et de l'imperfection. Les Siddhas résident dans le Siddhashila, le sommet de l'univers, dans un état de béatitude et de contemplation éternelles, servant d'exemples inspirants pour ceux qui suivent encore le chemin de la libération.

En conclusion, Liaison et Libération (Bandha et Moksha) représentent les pôles opposés du voyage spirituel jaïn. Bandha, l'état d'emprisonnement karmique et de souffrance, est la condition initiale de l'âme conditionnée. Moksha, l'état de libération complète et de béatitude, est l'objectif final et suprême. Le chemin jaïn, défini par les Trois Joyaux et pratiqué à travers l'ascétisme et l'autodiscipline, vise la transition de Bandha à Moksha, la purification de l'âme et la réalisation de son potentiel maximum. Moksha n'est pas seulement un objectif lointain et abstrait, mais une possibilité réelle et tangible, un avenir de paix, de liberté et de béatitude qui attend ceux qui se consacrent sincèrement au chemin de la libération jaïne. Dans le prochain chapitre, nous explorerons les pratiques ascétiques et spirituelles qui constituent le cœur du chemin vers Moksha, telles que le jeûne, la méditation et l'autodiscipline, dévoilant les méthodes jaïnes pour la purification de l'âme et la conquête de la libération.

Chapitre 11
Ascétisme et Pratique Spirituelle

Sur le chemin ardu et gratifiant du voyage spirituel jaïn, l'ascétisme apparaît comme un outil essentiel, un ensemble de pratiques rigoureuses et transformatrices destinées à purifier l'âme des impuretés karmiques et à propulser le pratiquant vers la libération (Moksha). L'ascétisme, connu dans le jaïnisme sous le nom de Tapas, n'est pas conçu comme une souffrance auto-infligée ou une forme d'autopunition, mais plutôt comme une méthode stratégique et consciente pour affaiblir l'emprise du Karma sur l'âme, renforcer l'autodiscipline et cultiver les qualités spirituelles intrinsèques. À travers diverses formes de pratiques ascétiques, telles que le jeûne, la méditation et l'autodiscipline, le jaïn cherche à affiner l'esprit, à contrôler les sens et à suivre le chemin de la purification karmique avec détermination et objectif.

Le rôle de l'ascétisme (Tapas) dans la purification karmique est central dans la pratique jaïne. Comme nous l'avons exploré dans les chapitres précédents, le Karma est conçu comme une substance subtile qui adhère à l'âme et la maintient prisonnière du cycle de la réincarnation. L'ascétisme agit comme un feu purificateur, capable de "brûler" ou de "dissoudre" le

Karma accumulé, libérant l'âme de son poids et de son obscurcissement. La pratique ascétique, lorsqu'elle est effectuée avec l'intention correcte et sous une direction appropriée, génère un processus de Nirjara (effusion), accélérant l'élimination du Karma et facilitant le progrès spirituel.

Il existe différentes formes d'ascétisme dans le jaïnisme, englobant à la fois des pratiques physiques et mentales, adaptées aux capacités et au chemin de chaque pratiquant. Certaines des formes les plus courantes d'ascétisme jaïn comprennent :

Jeûne (Anasana) : Le jeûne est une pratique ascétique fondamentale dans le jaïnisme, pratiquée sous diverses formes et durées. Il peut varier du jeûne complet d'aliments et d'eau pendant une période déterminée (parfois plusieurs jours), à des formes plus modérées, comme le jeûne de certains types d'aliments, la restriction de la quantité de nourriture ou la pratique de ne manger qu'une fois par jour. Le jeûne vise à purifier le corps, à réduire les désirs sensoriels, à renforcer l'autodiscipline et à générer du mérite spirituel.

Restriction alimentaire (Unodarika) : En plus du jeûne complet, le jaïnisme met également l'accent sur l'importance de la modération et de la restriction alimentaire en général. Cela inclut d'éviter de manger en excès, de consommer des aliments luxueux ou indulgents, et de pratiquer un végétarisme strict, en évitant les aliments qui impliquent la violence ou la souffrance animale. La restriction alimentaire vise à contrôler les désirs du palais, à cultiver le contentement et à éviter l'attachement aux plaisirs sensoriels.

Silence (Mauna) : La pratique du silence, ou Mauna, est une autre forme importante d'ascétisme jaïn. Elle peut impliquer le silence verbal complet pendant une période déterminée, ou la restriction de la parole à l'essentiel, en évitant les conversations oisives, futiles ou nuisibles. Le silence vise à calmer l'esprit, à réduire la dispersion mentale, à cultiver l'introspection et à éviter le Karma négatif généré par la parole imprudente ou violente.

Méditation (Dhyana) : La méditation est une pratique centrale dans le jaïnisme, à la fois comme forme d'ascétisme et comme moyen d'atteindre la conscience de soi et la libération. La pratique de la méditation (Dhyana) pour calmer l'esprit et atteindre la conscience de soi est multiforme et englobe diverses techniques et méthodes, que nous explorerons plus en détail ci-après.

Autodiscipline (Samyama) : L'autodiscipline, ou Samyama, imprègne toutes les formes d'ascétisme jaïn et est un principe fondamental en soi. Elle se réfère au contrôle des sens, de l'esprit et des passions, par la pratique de la vigilance constante, de la modération et de l'autosuffisance. L'autodiscipline vise à renforcer la volonté, à surmonter les habitudes négatives, à cultiver les vertus et à diriger l'énergie vers la pratique spirituelle.

La pratique de la méditation (Dhyana) occupe une place prépondérante dans l'ascétisme jaïn et est considérée comme un moyen essentiel pour la purification de l'esprit, le développement de la conscience de soi et la conquête de la libération. La méditation jaïne ne se limite pas à une seule technique ou méthode, mais englobe une variété de pratiques contemplatives, qui visent à calmer l'esprit agité, à focaliser l'attention, à cultiver la concentration et à atteindre des états de conscience plus profonds.

Une forme importante de méditation jaïne est la Samayika, la pratique quotidienne de méditation et d'introspection, recommandée tant aux moines et nonnes qu'aux laïcs. La Samayika implique généralement une période de temps fixe (par exemple, 48 minutes), pendant laquelle le pratiquant se retire dans un endroit calme, prend une posture méditative et concentre son esprit sur un objet de méditation, tel que la respiration, les enseignements jaïns ou la nature de l'âme. La Samayika vise à cultiver la présence mentale, à réduire la dispersion mentale et à renforcer la connexion avec le Dharma.

Une autre pratique méditative jaïne importante est le Pratikramana, le rituel quotidien de repentance et de confession des transgressions éthiques et morales commises au cours de la journée. Le Pratikramana implique la réflexion sur les actions, les paroles et les pensées de la journée, la reconnaissance des fautes, le repentir sincère et l'engagement à ne pas les répéter à l'avenir. Le Pratikramana vise à purifier l'esprit des impuretés morales, à renforcer la conscience éthique et à cultiver l'autotransformation.

Le jaïnisme met également l'accent sur la pratique du Dhyana dans ses sens les plus profonds, comme des formes avancées de méditation qui visent à atteindre des états de conscience supérieurs et l'expérience directe de la nature de l'âme. Ces formes de Dhyana peuvent impliquer des techniques de concentration intense, de visualisation, de contemplation et d'auto-interrogation, cherchant à transcender l'esprit dualiste, à surmonter l'attachement à l'ego et à réaliser l'union avec la conscience pure et infinie.

L'importance de l'autodiscipline (Samyama) pour contrôler les sens et les passions est un thème récurrent dans l'ascétisme jaïn. On pense que les sens et les passions sont les principales sources d'attachement au monde matériel et d'accumulation de Karma. L'autodiscipline (Samyama) est l'antidote à cette tendance, permettant au pratiquant de maîtriser les impulsions sensorielles, de contrôler les émotions perturbatrices et de diriger l'énergie vers la pratique spirituelle. L'autodiscipline englobe tous les aspects de la vie, de l'alimentation et du sommeil à la parole, au comportement et aux relations. C'est un processus continu de vigilance, d'effort et d'autotransformation, visant à affiner l'esprit, à renforcer la volonté et à cultiver la liberté intérieure.

Enfin, le jaïnisme reconnaît l'importance de trouver un équilibre entre l'ascétisme et la vie quotidienne pour les laïcs. Tandis que les moines et nonnes jaïns se consacrent intégralement à la pratique ascétique radicale, les laïcs, qui vivent dans le monde et ont des responsabilités familiales et professionnelles, sont encouragés à pratiquer l'ascétisme de manière adaptée à leur contexte de vie. Les Anuvratas (vœux mineurs) offrent un guide pratique pour l'éthique jaïne dans la vie laïque, encourageant la pratique de la non-violence, de la vérité, de la non-convoitise, de la chasteté et de la non-possessivité dans les limites des possibilités et des contraintes de la vie quotidienne. De plus, les laïcs sont encouragés à pratiquer le jeûne périodique, la méditation quotidienne, l'étude des écritures et d'autres pratiques ascétiques qu'ils peuvent intégrer dans leurs routines, en cherchant un progrès spirituel graduel et constant. Le jaïnisme valorise à la fois le chemin ascétique radical des moines et nonnes et le chemin ascétique adapté des laïcs, reconnaissant que les deux peuvent conduire à la purification de l'âme et à la libération, en fonction de la sincérité, de l'effort et de l'intention du pratiquant.

En résumé, l'ascétisme et la pratique spirituelle sont des éléments intrinsèques et indispensables du jaïnisme. À travers le Tapas, le pratiquant jaïn cherche à purifier l'âme, à éliminer le Karma, à renforcer l'autodiscipline et à cultiver les qualités spirituelles nécessaires à la libération. Le jeûne, la restriction alimentaire, le silence, la méditation et l'autodiscipline sont quelques-uns des outils ascétiques utilisés pour affiner l'esprit, contrôler les sens et suivre le chemin de la purification karmique. Le jaïnisme offre un chemin ascétique complet et flexible, adapté tant aux moines et nonnes qu'aux laïcs, invitant chacun à s'engager dans le voyage de l'autotransformation et de la recherche de la paix intérieure et de la libération spirituelle. Dans le prochain chapitre, nous explorerons les quatorze étapes du développement spirituel (Gunasthanas), la carte du voyage spirituel jaïn, qui décrit les différents niveaux de purification et de progrès vers la libération, fournissant un guide détaillé pour la pratique ascétique et spirituelle.

Chapitre 12
Le Chemin de la Purification

Pour guider le pratiquant dans le voyage complexe de la purification spirituelle, le Jaïnisme offre une carte détaillée et complète : les Quatorze Étapes du Développement Spirituel, connues sous le nom de Gunasthanas. Ces étapes représentent une progression graduelle et ascendante dans le voyage de l'âme vers la libération (Moksha), décrivant les différents niveaux de pureté, de connaissance et de conduite morale que le pratiquant peut atteindre tout au long du chemin ascétique. Les Gunasthanas ne sont pas de simples catégories descriptives, mais plutôt un guide pratique et dynamique, qui aide le Jaïn à comprendre son propre état spirituel, à identifier les obstacles à surmonter et à orienter ses efforts vers l'avancement vers le but final. Explorer les Quatorze Gunasthanas, c'est comme dévoiler une feuille de route détaillée du voyage de l'âme, révélant les défis, les conquêtes et les transformations qui marquent le chemin de la purification Jaïne.

Les Gunasthanas, en tant que carte du voyage spirituel Jaïn, fournissent une structure précieuse pour la compréhension de soi et le progrès spirituel. Le mot "Gunasthana" peut être traduit par "lieu des qualités" ou "étape des vertus", indiquant que chaque étape représente un niveau spécifique de développement des qualités spirituelles et une diminution correspondante des impuretés karmiques. Les Quatorze Gunasthanas sont disposés dans un ordre ascendant, du premier au quatorzième, reflétant une progression linéaire dans le voyage de l'âme vers la libération. Bien que la progression à travers les Gunasthanas ne soit pas toujours continue et linéaire, la carte offre une référence claire pour évaluer son propre état spirituel et orienter la pratique.

Les étapes initiales d'ignorance et d'illusion (Mithyatva Gunasthanas) comprennent les quatre premiers Gunasthanas, caractérisés par une vision déformée de la réalité, un manque de foi dans les principes Jaïns et la prédominance des passions et des émotions perturbatrices. Ces étapes représentent la condition spirituelle de la plupart des êtres humains ordinaires, qui vivent immergés dans l'ignorance, l'attachement au monde matériel et le cycle de la souffrance.

Premier Gunasthana : Mithyatva (Fausseté) : C'est l'étape la plus basse, caractérisée par une ignorance complète de la vérité Jaïne et par la croyance en des visions déformées de la réalité. L'individu à ce stade n'a pas la Vue Correcte (Samyak Darshana), ne comprend pas la nature de l'âme, du Karma, de la libération ou du chemin Jaïn. Il est complètement immergé dans le monde matériel, recherchant les plaisirs sensoriels et vivant sous la domination des passions et des émotions perturbatrices.

Deuxième Gunasthana : Sasadana (Dégradation) : Cette étape représente une brève rechute de la Vue Correcte pour ceux qui l'avaient déjà atteinte. L'individu à ce stade connaît une chute temporaire de sa foi et de sa connaissance Jaïnes, généralement due à l'influence de passions intenses ou de circonstances défavorables. Cependant, cette étape est transitoire et l'individu retourne généralement à la Vue Correcte rapidement.

Troisième Gunasthana : Mishra (Mixte) : À ce stade, l'individu connaît un mélange de Vue Correcte et de vision déformée. Il y a un éveil initial à la vérité Jaïne, mais il persiste une dose de doute, de confusion et d'attachement à des croyances non Jaïnes. L'individu peut avoir des moments de clarté et de foi, suivis de moments de doute et d'hésitation.

Quatrième Gunasthana : Avirata Samyaktva (Vue Correcte avec des vœux mineurs) : Cette étape marque le début du véritable voyage spirituel Jaïn, avec l'éveil de la Vue Correcte (Samyak Darshana). L'individu à ce stade acquiert une foi ferme dans les principes Jaïns, comprend la nature de l'âme, du Karma et de la libération, et aspire à suivre le chemin Jaïn. Bien qu'il n'ait pas encore complètement renoncé à la vie mondaine et ne pratique pas les Grands Vœux, il adopte les Anuvratas (vœux mineurs) pour les laïcs, commençant à affiner sa conduite éthique et morale.

Les étapes intermédiaires d'éveil et de progrès moral (Avirati et Virati Gunasthanas) comprennent les Gunasthanas du cinquième au dixième, marquant une avancée significative dans le voyage spirituel, avec le développement de la conduite éthique et morale et la pratique de l'autodiscipline et de l'ascétisme. À ces stades, l'individu s'efforce de purifier son esprit, de contrôler ses sens et de progresser vers l'éradication complète du Karma.

Cinquième Gunasthana : Deshavirati (Vœux partiels) : Cette étape représente le début du monachisme pour ceux qui font le pas de renoncer à la vie laïque et de rejoindre la communauté monastique Jaïne. L'individu à ce stade adopte les Mahavratas (Grands Vœux), mais seulement partiellement, pas dans leur forme la plus complète et la plus rigoureuse. Il y a encore certaines faiblesses et imperfections dans sa pratique, mais il y a un engagement sincère envers le chemin ascétique.

Sixième Gunasthana : Pramatta Virati (Vœux parfaits avec négligence) : À ce stade, le moine ou la nonne pratique les Mahavratas de manière complète et rigoureuse, mais connaît encore occasionnellement des moments de négligence ou d'inattention. Les passions et les émotions perturbatrices peuvent encore surgir occasionnellement, conduisant à de petites transgressions des vœux. Cependant, il y a un effort constant pour maintenir la conduite éthique et morale et progresser dans la pratique ascétique.

Septième Gunasthana : Apramatta Virati (Vœux parfaits sans négligence) : Cette étape marque une avancée significative dans l'autodiscipline et le contrôle mental. Le moine ou la nonne pratique les Mahavratas de manière parfaite et vigilante, sans négligence ni inattention. Les passions et les émotions perturbatrices sont grandement affaiblies et l'esprit devient plus calme et concentré sur la pratique spirituelle.

Huitième Gunasthana : Apoorva Karana (Nouvelle Pensée) : À ce stade, le moine ou la nonne entame un processus de purification karmique intense et sans précédent. Un nouveau type de pensée et d'intention surgit, axé exclusivement sur l'éradication du Karma et la recherche de la libération. Il y a une augmentation significative de l'énergie spirituelle et de la détermination ascétique.

Neuvième Gunasthana : Anivrutti Karana (Pensée Immuable) : À ce stade, l'intention d'éradiquer le Karma devient encore plus forte et stable. L'esprit devient presque complètement libre de distractions et de passions, concentré exclusivement sur la pratique spirituelle et la recherche de la libération. Le progrès dans la purification karmique s'accélère considérablement.

Dixième Gunasthana : Sukshma Samparaya (Passion Subtile) : À ce stade, presque toutes les passions et les émotions perturbatrices ont été éradiquées, à l'exception de la passion la plus subtile et la plus ténue : l'attachement ténu. Cette passion résiduelle est extrêmement difficile à détecter et à éliminer, mais elle empêche encore la libération complète. Le moine ou la nonne à ce stade est très proche du but final, mais doit encore surmonter ce dernier obstacle.

Les étapes avancées de purification et d'éradication du Karma (Kshapak et Upashamak Shreni) comprennent les Gunasthanas du onzième au treizième, représentant le sommet du voyage ascétique, avec l'éradication complète des passions et la conquête de la connaissance parfaite et de la libération. Ces étapes ne sont accessibles qu'à des êtres humains exceptionnels, qui ont atteint un niveau de pureté et d'autodiscipline extraordinaires.

Onzième Gunasthana : Upashanta Moha (Passion Supprimée) : À ce stade, toutes les passions et les émotions perturbatrices, y compris l'attachement ténu, sont temporairement supprimées ou subjuguées. L'esprit devient complètement calme et paisible, expérimentant une béatitude profonde et sereine. Cependant, cet état de suppression n'est pas permanent et les passions peuvent resurgir, conduisant à une chute vers un stade inférieur.

Douzième Gunasthana : Kshina Moha (Passion Éradiquée) : À ce stade, toutes les passions et les émotions perturbatrices, y compris l'attachement ténu, sont complètement éradiquées et éliminées pour toujours. L'esprit devient absolument pur et transparent, libre de toute obscurcissement ou perturbation. L'individu à ce stade atteint le Kevala Jnana (Connaissance Parfaite), l'illumination suprême, devenant un Tirthankara ou un être illuminé.

Treizième Gunasthana : Sayoga Kevali (Kevali avec activité) : C'est l'étape des Jinas ou Tirthankaras illuminés, qui ont atteint le Kevala Jnana, mais qui restent encore sous forme physique, enseignant le Dharma et guidant les autres êtres sur le chemin de la libération. Ils possèdent une connaissance parfaite, une perception parfaite, une béatitude parfaite et un pouvoir parfait, mais ils sont encore soumis à certaines activités physiques et mentales, comme respirer, manger et prêcher.

L'étape finale de la libération complète (Siddha Gunasthana) est le Quatorzième Gunasthana :

Quatorzième Gunasthana : Ayoga Kevali (Kevali sans activité) : C'est la dernière étape de l'existence physique, atteinte par les Tirthankaras et autres êtres illuminés peu avant leur mort physique. À ce stade, toutes les activités physiques et mentales cessent complètement, y compris la respiration et la pensée. L'individu devient totalement absorbé dans la béatitude du Nirvana, se préparant à la libération finale et permanente. Après la mort physique à ce stade, l'âme se libère complètement du corps et du cycle de réincarnation, atteignant le Moksha (Libération), l'état de perfection et de béatitude éternelles, devenant un Siddha, un être libéré.

L'importance de comprendre les Gunasthanas pour l'auto-amélioration spirituelle réside dans sa valeur en tant que guide pratique pour le voyage de la purification de l'âme. En étudiant et en contemplant les Gunasthanas, le pratiquant Jaïn peut :

Évaluer son propre état spirituel : Identifier à quelle étape du développement spirituel il se trouve, reconnaissant ses forces et ses faiblesses, ses conquêtes et ses défis.

Identifier les obstacles à surmonter : Comprendre quelles passions, impuretés karmiques et habitudes négatives doivent être combattues et transformées pour avancer vers l'étape suivante.

Orienter la pratique spirituelle : Adapter ses pratiques ascétiques et spirituelles aux besoins spécifiques de son étape actuelle, en se concentrant sur les aspects de la conduite éthique, de la méditation, de l'autodiscipline et de la connaissance qui sont les plus pertinents pour son progrès.

Cultiver la motivation et l'espoir : Visualiser la progression à travers les Gunasthanas comme un chemin réel et accessible vers la libération, renforçant la foi, la détermination et la persévérance dans la pratique spirituelle.

Les Quatorze Gunasthanas, par conséquent, ne sont pas seulement une théorie philosophique abstraite, mais plutôt une carte pratique et inspirante pour le voyage spirituel Jaïn. Ils offrent une feuille de route détaillée pour la purification de l'âme, le dépassement de la souffrance et la conquête de la libération finale (Moksha), invitant chaque pratiquant à s'engager dans ce voyage transformateur avec sagesse, discernement et espoir. Dans les prochains chapitres, nous explorerons les pratiques et le style de vie Jaïns, dévoilant comment les principes et les étapes du développement spirituel se manifestent dans la vie quotidienne des pratiquants Jaïns, tant moines et nonnes que laïcs.

Chapitre 13
Monachisme Jaïn

Dans le panorama multiforme du jaïnisme, le monachisme apparaît comme une institution centrale et vénérée, représentant l'idéal ultime de la pratique spirituelle et le chemin le plus direct et le plus dévoué vers la libération (Moksha). La communauté monastique jaïne, composée de moines (Sadhu) et de nonnes (Sadhvi), est l'épine dorsale de la tradition, la gardienne des enseignements, l'incarnation des valeurs ascétiques et le phare qui guide les laïcs et laïques dans leur voyage spirituel. Au sein de cet idéal monastique, cependant, différentes interprétations et pratiques ont fleuri au cours de l'histoire, culminant dans la formation des deux principales sectes du jaïnisme : Digambara et Svetambara. Comprendre les nuances et les distinctions entre ces deux traditions monastiques est essentiel pour apprécier la richesse et la complexité du jaïnisme dans son ensemble.

Les deux principales sectes du jaïnisme, Digambara (vêtus de ciel) et Svetambara (vêtus de blanc), représentent les plus grandes divisions au sein de la tradition jaïne, divergeant sur certains aspects de la doctrine, de la pratique ascétique et des écritures. La scission entre les deux sectes est traditionnellement attribuée à des événements historiques survenus quelques siècles après la mort de Mahavira, liés à des questions de pratique monastique et d'interprétation des enseignements. Bien qu'elles partagent les principes fondamentaux du jaïnisme, tels que l'Ahimsa, le Karma, le Moksha et la révérence envers les Tirthankaras, les Digambaras et les Svetambaras ont développé des traditions monastiques distinctes, reflétant différentes emphases et approches de la pratique ascétique et du voyage spirituel.

Les différences et les similitudes dans les pratiques monastiques des deux sectes sont remarquables et révélatrices des nuances au sein du jaïnisme. Les distinctions les plus visibles et les plus fréquemment mentionnées résident dans les pratiques liées au vêtement, à la possession de biens matériels, aux pratiques alimentaires et aux visions sur la possibilité pour les femmes d'atteindre la libération.

Le vêtement, ou l'absence de celui-ci, est peut-être la différence la plus emblématique entre les deux sectes. Les moines Digambara, fidèles à leur désignation "vêtus de ciel", pratiquent l'ascétisme de la nudité. Ils renoncent complètement à tous les vêtements, restant nus comme un symbole de détachement total du monde matériel et de pureté ascétique radicale. Cette pratique est considérée comme la forme la plus élevée de non-possessivité et d'autodiscipline, représentant un défi extrême aux conforts et aux conventions sociales. Les nonnes Digambara, pour des raisons de pudeur sociale, utilisent un sari simple et sans couture, mais maintiennent le principe de la non-possessivité maximale par rapport au vêtement.

Les moines et nonnes Svetambara, en revanche, suivent la tradition de porter des vêtements blancs et sans couture, d'où le nom "vêtus de blanc". Ils portent des vêtements simples, généralement deux ou trois pièces de tissu blanc, comme un pagne, une robe et un tissu pour couvrir la bouche (Muhapatti), qui est utilisé pour éviter de blesser les petits organismes dans l'air en parlant. Pour les Svetambara, le port de vêtements blancs est considéré comme compatible avec l'ascétisme, offrant modestie et protection contre les éléments, sans compromettre le principe essentiel de la non-possessivité.

En ce qui concerne la possession de biens matériels, les deux sectes soulignent l'importance de la non-possessivité (Aparigraha) comme un vœu fondamental pour les moines et les nonnes. Cependant, l'interprétation et l'application de ce vœu diffèrent entre Digambaras et Svetambaras. Les moines Digambara poussent la non-possessivité à l'extrême, ne possédant que les objets absolument essentiels à la pratique ascétique, comme une gourde, un chasse-mouches en plumes de paon (Pinchi) pour enlever les petits êtres vivants du chemin et les écritures. Ils ne possèdent traditionnellement pas de bols à aumône, mangeant la nourriture qu'ils reçoivent directement dans leurs mains.

Les moines et nonnes Svetambara, bien que pratiquant également la non-possessivité, autorisent une possession légèrement plus importante de biens matériels, considérés comme nécessaires à la vie monastique et à l'étude des écritures. En plus des vêtements blancs, ils possèdent généralement un bol à aumône, un bâton de marche, une couverture et des copies des écritures sacrées. Pour les Svetambara, l'objectif principal de la non-possessivité réside dans le détachement mental et émotionnel des biens matériels, plutôt que dans la privation physique absolue.

Les pratiques alimentaires et de mendicité révèlent également des distinctions entre les deux sectes. Tant les Digambaras que les Svetambaras pratiquent la mendicité (Gochari) comme moyen d'obtenir de la nourriture, dépendant de la charité des laïcs et laïques pour soutenir leur vie ascétique. Cependant, les moines Digambara suivent une pratique de mendicité plus stricte, acceptant traditionnellement la nourriture une seule fois par jour, et seulement à mains nues, sans utiliser de bols ou de récipients. Ils évitent également de manger debout ou en mouvement, et traditionnellement n'acceptent pas la nourriture préparée pour eux, mais seulement les restes non sollicités.

Les moines et nonnes Svetambara suivent une pratique de mendicité plus flexible, acceptant la nourriture dans des bols à aumône, et peuvent faire plusieurs tournées de mendicité par jour, si nécessaire. Ils peuvent également accepter de la nourriture préparée pour eux, à condition qu'elle soit végétarienne et préparée conformément aux principes jaïns de non-violence. Les deux sectes soulignent l'importance de recevoir la nourriture avec détachement et gratitude, comme une nécessité pour soutenir le corps et permettre la pratique spirituelle, et non comme une source de plaisir ou d'indulgence.

Les visions sur les femmes et la libération représentent une autre différence doctrinale significative entre les Digambaras et les Svetambaras. La tradition Digambara soutient que les femmes ne peuvent pas atteindre la libération (Moksha) sous une forme féminine. Selon cette vision, la forme féminine est considérée comme intrinsèquement moins propice à la pratique ascétique radicale et à l'éradication complète du Karma, en raison des différences biologiques et sociales entre les hommes et les femmes. Pour atteindre la libération, une femme Digambara doit renaître en tant qu'homme dans une vie future, puis pratiquer l'ascétisme radical et atteindre le Moksha. Dans le monachisme Digambara, par conséquent, seuls les hommes peuvent devenir des moines complètement nus, tandis que les nonnes suivent un chemin ascétique moins radical, avec l'objectif ultime de renaître en tant qu'hommes pour atteindre la libération.

La tradition Svetambara, en revanche, n'impose pas de restrictions de genre pour la libération. Les Svetambara croient que les femmes sont spirituellement égales aux hommes et possèdent la même capacité à pratiquer l'ascétisme, à purifier l'âme et à atteindre le Moksha sous une forme féminine. L'histoire jaïne Svetambara relate des exemples de nonnes illuminées (Sadhvis) qui ont atteint la libération sous une forme féminine, comme Mallinatha, le 19ème Tirthankara, que la tradition Svetambara croit avoir été une femme. Dans le monachisme Svetambara, les hommes et les femmes peuvent devenir moines et nonnes, cherchant la libération par la pratique ascétique, sans nécessité de renaître sous une forme masculine.

Enfin, les écritures et les canons divergent également entre Digambaras et Svetambaras, comme mentionné au Chapitre 4. Les Svetambaras acceptent un canon Agama complet de 45 textes, qu'ils croient préserver les enseignements originaux de Mahavira. Les Digambaras, pour leur part, croient que les Agamas originaux ont été perdus, et que les textes actuellement disponibles sont d'autorité secondaire. Cette divergence dans les canons scripturaires reflète les différentes histoires et traditions de transmission orale et écrite qui se sont développées dans les deux sectes au fil du temps.

Malgré ces différences significatives, il est important de souligner que des similitudes lient encore Digambaras et Svetambaras au sein du Dharma jaïn. Les deux sectes partagent les principes fondamentaux du jaïnisme, tels que les Trois Joyaux, les Cinq Grands Vœux (Mahavratas), la Théorie du Karma, la quête de la libération (Moksha) et la révérence envers les Tirthankaras. Les deux traditions monastiques se consacrent à la pratique de l'Ahimsa, de l'ascétisme, de la méditation et de l'autodiscipline, cherchant la purification de l'âme et le progrès spirituel. Les différences entre elles peuvent être considérées comme des variations au sein d'un même thème central, différentes approches de la pratique ascétique et du voyage spirituel, tout en conservant l'essence du Dharma jaïn.

Dans les deux traditions, l'idéal de l'ascétisme radical reste central dans la quête de la libération spirituelle. Tant les Digambaras que les Svetambaras considèrent la vie monastique comme le chemin le plus élevé et le plus direct vers le Moksha, soulignant l'importance de la renonciation, de l'autodiscipline et de la purification karmique. Les différences dans leurs pratiques ascétiques peuvent être interprétées comme différents degrés d'emphase sur certains aspects de l'ascétisme, mais l'objectif final reste le même : la libération du cycle de la souffrance et la réalisation de la vraie nature de l'âme.

En conclusion, le monachisme jaïn, avec ses diverses manifestations dans les traditions Digambara et Svetambara, représente un pilier fondamental de la tradition jaïne. Les différences entre ces deux sectes, bien que visibles dans des pratiques telles que le vêtement, la possession de biens, l'alimentation et les visions sur les femmes, n'obscurcissent pas l'unité essentielle du Dharma jaïn, qui réside dans la quête de la libération par la pratique ascétique et la purification de l'âme. Tant les Digambaras que les Svetambaras offrent des chemins valables et inspirants pour le voyage spirituel, invitant les praticiens à transcender le monde matériel, à cultiver la non-violence et à tracer le chemin vers la paix intérieure et la libération finale. Dans le prochain chapitre, nous explorerons les pratiques jaïnes spécifiques pour les laïcs et laïques, dévoilant comment les principes et les valeurs jaïns peuvent être vécus et pratiqués dans le contexte de la vie quotidienne, en dehors de l'environnement monastique.

Chapitre 14
Pratiques Jaïnes pour les Laïcs

Alors que le monachisme jaïn représente l'idéal ultime de renoncement et de pratique ascétique, le jaïnisme offre également une voie précieuse et accessible aux laïcs, hommes et femmes, ceux qui vivent dans le monde et assument des responsabilités familiales et professionnelles. Reconnaissant que tout le monde n'est pas appelé ou capable de suivre la rigueur du monachisme, le jaïnisme fournit un ensemble de pratiques et de directives éthiques adaptées à la vie laïque, permettant aux laïcs de vivre les principes jaïns dans leur quotidien, en recherchant un progrès spirituel graduel et une vie vertueuse au sein de la société. Au cœur de ces pratiques pour les laïcs se trouvent les Anuvratas (vœux mineurs), une version atténuée des Grands Vœux monastiques, et un ensemble de directives éthiques supplémentaires qui guident la conduite morale, sociale et religieuse des pratiquants jaïns dans la vie laïque.

Les Anuvratas (vœux mineurs) représentent l'adaptation des Mahavratas (Grands Vœux) au contexte de la vie laïque, offrant un guide pratique pour l'éthique jaïne au quotidien. Tout comme les Mahavratas sont les vœux fondamentaux pour les moines et les nonnes, les

Anuvratas sont les vœux essentiels pour les laïcs, leur permettant de vivre les principes jaïns de manière réaliste et durable dans leur vie quotidienne. Les Anuvratas sont au nombre de cinq, correspondant aux Cinq Grands Vœux monastiques, mais avec un niveau de rigueur atténué, adapté aux capacités et responsabilités de la vie laïque :

Ahimsa Anuvrata (Non-violence mineure) : Tout comme le Mahavrata d'Ahimsa exige la non-violence absolue en pensée, en parole et en action pour les moines et les nonnes, l'Anuvrata d'Ahimsa pour les laïcs exige l'engagement d'éviter la violence intentionnelle et inutile sous toutes ses formes. Bien que les laïcs puissent ne pas être en mesure d'éviter complètement la violence inhérente à la vie quotidienne (par exemple, dans les professions, dans l'alimentation), ils s'engagent à minimiser au maximum la violence dans leurs actions, en évitant de nuire intentionnellement à d'autres êtres vivants, en cultivant la compassion et le respect pour toute vie. L'Anuvrata d'Ahimsa pour les laïcs se manifeste également dans la pratique du végétarisme, comme moyen de réduire la participation à la violence contre les animaux.

Satya Anuvrata (Vérité mineure) : Le Mahavrata de Satya exige la véracité absolue des moines et des nonnes. L'Anuvrata de Satya pour les laïcs exige l'engagement d'éviter le mensonge grossier et intentionnel, et de dire la vérité du mieux possible, de manière gentille et bénéfique. Bien que les laïcs puissent occasionnellement se trouver dans des situations où la "vérité" doit être atténuée pour des raisons de courtoisie ou pour éviter un plus grand mal, l'Anuvrata de Satya les encourage à privilégier l'honnêteté et l'intégrité dans leur communication, en évitant la tromperie, la diffamation et le langage nuisible.

Asteya Anuvrata (Non-vol mineur) : Le Mahavrata d'Asteya exige l'abstention complète de voler pour les moines et les nonnes. L'Anuvrata d'Asteya pour les laïcs exige l'engagement d'éviter le vol, la fraude et l'appropriation illicite de biens matériels ou intellectuels qui ne leur appartiennent pas en droit. Les laïcs sont encouragés à être honnêtes dans leurs affaires, à payer leurs impôts, à respecter la propriété d'autrui et à éviter toute forme d'exploitation ou de gain illicite.

Brahmacharya Anuvrata (Chasteté mineure) : Le Mahavrata de Brahmacharya exige le célibat absolu pour les moines et les nonnes. L'Anuvrata de Brahmacharya pour les laïcs exige l'engagement de fidélité conjugale et de modération dans l'activité sexuelle. Les laïcs sont encouragés à être fidèles à leurs partenaires, à éviter l'adultère et à pratiquer la modération dans les plaisirs sensuels, en dirigeant une partie de leur énergie vers la pratique spirituelle et le développement intérieur. Pour les célibataires, l'Anuvrata de Brahmacharya peut signifier l'abstinence sexuelle ou la pratique de la chasteté à différents degrés, selon leurs capacités et leurs aspirations.

Aparigraha Anuvrata (Non-possessivité mineure) : Le Mahavrata d'Aparigraha exige le détachement complet des biens matériels pour les moines et les nonnes. L'Anuvrata d'Aparigraha pour les laïcs exige l'engagement de limiter la possessivité et l'attachement aux biens matériels, en pratiquant la générosité et le contentement. Les laïcs sont encouragés à éviter la convoitise, la consommation excessive et l'accumulation inutile de richesses. Ils sont encouragés à partager leurs ressources avec les nécessiteux, à pratiquer la charité et à vivre avec simplicité et contentement, reconnaissant que le vrai bonheur ne réside pas dans les possessions matérielles, mais plutôt dans la paix intérieure et la pureté de l'âme.

En plus des Anuvratas, il existe des directives éthiques supplémentaires pour les laïcs qui complètent les vœux mineurs et offrent un guide plus détaillé pour la vie jaïne au quotidien. Ces directives incluent des pratiques telles que :

Diksha (Vœux additionnels) : Les laïcs peuvent choisir de prendre des vœux supplémentaires (Diksha) en plus des Anuvratas, pour renforcer leur pratique spirituelle et approfondir leur engagement envers le Dharma jaïn. Ces vœux supplémentaires peuvent inclure des restrictions alimentaires plus strictes (comme éviter certains aliments ou pratiquer des jeûnes plus longs), la pratique régulière de la méditation (Samayika), l'étude des écritures (Agama Adhyayana), la visite de temples jaïns (Derasar) et d'autres pratiques ascétiques et dévotionnelles.

Samayika (Méditation quotidienne) : La pratique de la méditation quotidienne (Samayika) est fortement encouragée pour les laïcs jaïns. Réserver un temps quotidien pour la méditation, même pour une courte période, aide à calmer l'esprit, à cultiver la conscience de soi et à renforcer la connexion avec le Dharma. La méditation peut être pratiquée sous différentes formes, comme la concentration sur la respiration, la contemplation des enseignements jaïns, la récitation de mantras ou la pratique de la quiétude mentale.

Proshadhopavas (Jeûne périodique) : La pratique du jeûne périodique (Proshadhopavas), généralement une ou deux fois par mois, est une autre directive éthique importante pour les laïcs jaïns. Le jeûne périodique, même pour un jour ou une demi-journée, aide à purifier le corps et l'esprit, à renforcer l'autodiscipline et à générer du mérite spirituel. Les laïcs peuvent adapter la pratique du jeûne à leurs capacités et à leurs conditions de santé, en choisissant la forme et la durée du jeûne qui conviennent le mieux à leurs besoins.

Atithi-Samvibhag (Partage avec les ascètes) : La pratique d'Atithi-Samvibhag, qui signifie "partager avec les hôtes ascètes", est une directive éthique qui souligne l'importance de soutenir la communauté monastique jaïne par le don de nourriture, de vêtements et d'abri. Les laïcs sont encouragés à offrir l'hospitalité et la subsistance aux moines et nonnes jaïns, reconnaissant la valeur de leur voie ascétique et l'importance de préserver la tradition monastique. Cette pratique vise également à cultiver la générosité et le détachement chez les laïcs, en partageant leurs ressources avec ceux qui ont renoncé au monde matériel.

Participation aux rituels et festivals jaïns : Les laïcs sont encouragés à participer activement aux rituels et festivals jaïns organisés dans les temples (Derasar) ou dans les communautés jaïnes. La participation à des rituels tels que Puja (adoration), Aarti (offrande de lumière) et à des festivals tels que Mahavir Jayanti (anniversaire de Mahavira) et Paryushan Parva (festival du pardon) renforce la connexion avec la communauté jaïne, nourrit la foi et la dévotion, et offre des opportunités de pratique spirituelle en groupe.

Le rôle du laïc dans le soutien de la Sangha et dans la pratique du Dharma est crucial pour la vitalité et la continuité de la tradition jaïne. Alors que les moines et les nonnes se consacrent intégralement à la pratique ascétique et à la préservation des enseignements, les laïcs jouent un rôle fondamental dans le soutien matériel et social de la Sangha, en offrant un soutien financier, de la nourriture, des vêtements et un abri aux ascètes, et en créant un environnement social propice à la pratique du Dharma. Cette relation d'interdépendance et de soutien mutuel entre la communauté monastique et la communauté laïque est une caractéristique distinctive du jaïnisme, garantissant que la tradition soit préservée et transmise aux générations futures.

La recherche d'une vie éthique et vertueuse dans le contexte de la vie quotidienne est au cœur de la pratique jaïne pour les laïcs. Les Anuvratas et les directives éthiques offrent une feuille de route pratique pour vivre selon les principes jaïns dans le monde, sans avoir à renoncer à la vie familiale, professionnelle ou sociale. Les laïcs jaïns cherchent à appliquer les valeurs de l'Ahimsa, de la vérité, de la non-convoitise, de la chasteté et de la non-possessivité dans toutes leurs activités quotidiennes, dans leurs relations, dans leurs affaires, dans leurs choix de consommation et dans leurs interactions avec l'environnement. Ils s'efforcent de vivre de manière consciente, responsable et compatissante, en recherchant le bien-être de tous les êtres et le progrès spirituel graduel sur leur chemin vers la libération.

En résumé, les pratiques jaïnes pour les laïcs, centrées sur les Anuvratas et un ensemble complet de directives éthiques, offrent un chemin précieux et accessible pour vivre le Dharma jaïn dans le contexte de la vie quotidienne. Ces vœux et directives fournissent un guide pratique pour la conduite morale, sociale et religieuse, permettant aux laïcs de cultiver la non-violence, la vérité, la non-convoitise, la chasteté et la non-possessivité dans leur vie quotidienne, en recherchant le progrès spirituel graduel, la vie vertueuse et la contribution à un monde plus juste, pacifique et compatissant. Dans le prochain chapitre, nous explorerons le régime alimentaire jaïn et le végétarisme, en dévoilant les principes de l'alimentation jaïne comme une expression fondamentale du principe de l'Ahimsa et un composant essentiel du mode de vie jaïn pour tous les pratiquants, moines, nonnes, laïcs hommes et femmes.

Chapitre 15
Le régime jaïn

Dans la mosaïque aux multiples facettes de la tradition jaïne, le régime alimentaire revêt un sens allant bien au-delà de la simple nutrition physique, s'élevant en une expression vivante et quotidienne du principe fondamental d'**Ahimsa** (Non-Violence). Le régime jaïn, intrinsèquement lié au végétarisme, n'est pas seulement un choix alimentaire, mais un engagement éthique et spirituel profond, une pratique consciente visant à minimiser autant que possible la violence et la souffrance infligées à d'autres êtres vivants, même dans l'acte essentiel de se nourrir pour soutenir sa propre vie. Découvrir le régime jaïn revient à mettre en lumière un système alimentaire unique et rigoureux, guidé par la compassion, la responsabilité écologique et la quête de purification de l'âme, offrant un modèle inspirant pour une alimentation plus éthique et consciente dans le monde contemporain.

Le végétarisme, en tant qu'expression d'**Ahimsa**, constitue le fondement éthique du régime jaïn. Comme nous l'avons déjà exploré en profondeur, l'Ahimsa – la non-violence sous toutes ses formes – est la pierre angulaire de l'éthique jaïne. Dans ce contexte, le régime végétarien apparaît comme une application concrète et quotidienne de l'Ahimsa, cherchant à éviter toute participation à la violence inhérente à la production de viande et d'autres produits d'origine animale. Pour le jaïn, consommer de la viande signifie contribuer directement au cycle de souffrance et de mort infligé aux animaux, des êtres vivants qui, tout comme les humains, possèdent une âme (**jiva**) et la capacité de ressentir la douleur et la peur. En optant pour le végétarisme, le pratiquant jaïn cherche à aligner ses choix alimentaires sur le principe d'Ahimsa, cultivant la compassion et le respect pour toute forme de vie.

Le régime jaïn n'est pas seulement végétarien : il est **végane** pour les ascètes les plus rigoristes et, de manière prédominante, **lacto-végétarien** pour les laïcs, avec des nuances et degrés de rigueur qui varient selon les différentes sectes et traditions jaïnes. Le véganisme jaïn, pratiqué principalement par les moines et nonnes **digambara** et par certains ascètes **shvetambara**, exclut complètement tous les produits d'origine animale, y compris la viande, le poisson, les œufs, les produits laitiers et le miel. Cette pratique vise à éviter toute forme d'exploitation animale et à réduire au maximum la violence dans l'alimentation.

Le lacto-végétarisme jaïn, plus courant chez les laïcs et dans la tradition **shvetambara** en général, autorise la consommation de produits laitiers (lait, fromage, yaourt, etc.), tout en continuant d'exclure la viande, le poisson et les œufs. Même dans le lacto-végétarisme jaïn, il existe une préoccupation constante pour s'assurer que les produits laitiers soient obtenus de manière éthique et non violente, en évitant les pratiques qui causent souffrance ou exploitation excessive des animaux. Certains jaïns lacto-végétariens évitent également la consommation de miel, estimant qu'il s'agit d'un produit résultant de l'exploitation des abeilles.

Les restrictions alimentaires jaïnes vont au-delà de l'exclusion de produits d'origine animale : elles englobent aussi certains types de légumes et de racines, selon la tradition et le degré de rigueur ascétique. Certaines traditions jaïnes, en particulier chez les digambara, évitent ainsi la consommation de racines et de tubercules tels que la pomme de terre, la carotte, le radis, l'oignon et l'ail. Cette restriction se fonde sur le principe de **Ekindriya Jiva Himsa**, la non-violence envers les êtres à un seul sens (sensoriel). Les racines et tubercules sont considérés comme recelant un plus grand potentiel de vie latente et abritant un plus grand nombre de micro-organismes ; leur récolte est donc perçue comme impliquant un degré plus élevé de violence et de destruction de formes de vie. Cette restriction est davantage pratiquée par les ascètes et moins strictement suivie par les laïcs, qui consomment généralement une plus grande variété de légumes.

Les principes qui sous-tendent les restrictions alimentaires jaïnes reflètent l'application rigoureuse de l'Ahimsa et la quête de minimisation de la violence dans l'alimentation. Les principaux principes qui guident le régime jaïn incluent :
1. **Ahimsa (Non-Violence)** : En tant que principe central, l'Ahimsa motive l'exclusion de la viande, du poisson et des œufs, ainsi que la réduction

maximale de la consommation de produits d'origine animale, afin d'éviter la violence et la souffrance infligées aux animaux.
2. **Karuna (Compassion)** : La compassion envers tous les êtres vivants motive le choix d'un régime causant le moins de dommages et de souffrances possible aux autres créatures. Le régime jaïn cherche à refléter la compassion à chaque repas, reconnaissant l'interconnexion de toute vie.
3. **Aparigraha (Non-Possessivité)** : Le principe de non-possessivité se manifeste dans la simplicité et la modération de la diète jaïne. Éviter les aliments luxueux, trop riches ou excessivement transformés, et privilégier des aliments simples, naturels et nutritifs, est en harmonie avec l'idéal de détachement et de contentement.
4. **Samyama (Autodiscipline)** : Le régime jaïn exige l'autodiscipline et la maîtrise des désirs sensoriels, notamment le goût. Restreindre certains types d'aliments et pratiquer le jeûne périodique sont des moyens de renforcer l'autodiscipline et d'affiner l'esprit, orientant l'énergie vers la pratique spirituelle.
5. **Viveka (Discernement)** : Le discernement et la sagesse guident les choix alimentaires jaïns. Comprendre les conséquences karmiques des actions, y compris les choix alimentaires, et distinguer les aliments qui favorisent la santé physique et spirituelle de ceux qui lui nuisent sont essentiels dans la pratique alimentaire jaïne.

Les implications pratiques du régime jaïn dans la vie de tous les jours couvrent divers aspects de la vie quotidienne, depuis le choix des aliments et la préparation des repas jusqu'au comportement social et à l'alimentation à l'extérieur du foyer. Dans le choix des aliments, le pratiquant jaïn attentif privilégie les aliments végétariens, de préférence véganes, frais, naturels et peu transformés. Lire les étiquettes, s'interroger sur l'origine des produits et opter pour des aliments issus de sources éthiques et durables sont des pratiques courantes.

Dans la préparation des repas, le régime jaïn encourage la simplicité, la modération et l'attention portée aux méthodes de cuisson, en évitant le gaspillage et la consommation excessive d'énergie et de ressources. Cuisiner avec une intention compatissante, dans un environnement propre et paisible, et offrir la nourriture comme une oblation avant de manger sont autant de pratiques dévotionnelles.

Dans le comportement social et l'alimentation hors du foyer, la personne jaïne doit relever le défi de maintenir son régime dans un monde qui ne comprend pas toujours ou ne respecte pas nécessairement ces restrictions alimentaires. Expliquer gentiment ses choix, rechercher des options végétariennes ou véganes dans les restaurants et lors d'événements, ou encore apporter sa propre nourriture au besoin, sont des stratégies fréquentes. La flexibilité et l'adaptation sont importantes, tout en préservant l'engagement envers les principes éthiques d'Ahimsa et de compassion.

Les bienfaits du régime jaïn pour la santé physique, mentale et spirituelle sont reconnus tant par la tradition jaïne que par la science moderne. Du point de vue de la **santé physique**, le régime jaïn, riche en légumes, fruits, céréales complètes et légumineuses, et pauvre en graisses saturées, en cholestérol et en aliments transformés, peut contribuer à la prévention de maladies chroniques telles que les maladies cardiaques, le diabète de type 2, certains types de cancer et l'obésité. Des études ont montré que les végétariens et les véganes ont tendance à avoir un indice de masse corporelle (IMC) plus sain, un taux de cholestérol plus bas et un risque réduit de développer ces maladies.

Du point de vue de la **santé mentale**, le régime jaïn, en promouvant la modération, la simplicité et le contentement, peut contribuer au bien-être émotionnel et mental. La pratique d'une alimentation consciente (*mindful eating*), la gratitude pour les aliments et la réduction de l'attachement aux plaisirs sensoriels peuvent apaiser l'esprit, diminuer le stress et favoriser la paix intérieure.

Du point de vue de la **santé spirituelle**, le régime jaïn est considéré comme un moyen essentiel de purification de l'âme et de progrès spirituel. En alignant les choix alimentaires sur les principes d'Ahimsa et de compassion, le pratiquant jaïn renforce sa pratique éthique, accumule des mérites spirituels et avance sur la voie de la libération (*moksha*). Le régime jaïn n'est pas seulement une façon de nourrir le corps : c'est une pratique spirituelle continue, un acte de dévotion et un chemin de transformation de soi.

Enfin, la pertinence du régime jaïn dans le monde moderne résonne avec une urgence croissante dans un contexte mondial marqué par des préoccupations éthiques, environnementales et sanitaires liées à la production et à la consommation alimentaires. Dans un monde où la production de viande et de produits laitiers contribue de manière significative aux émissions de gaz à effet de serre, à la déforestation, à la pollution de l'eau et à l'exploitation animale à grande échelle, le régime jaïn offre un modèle alimentaire plus durable et plus compatissant, en harmonie avec les valeurs de responsabilité environnementale et d'éthique animale.

De plus, dans un monde où les maladies chroniques liées à l'alimentation figurent parmi les principales causes de morbidité et de mortalité, le régime jaïn, riche en aliments végétaux complets, propose une voie vers une alimentation plus saine et préventive, favorisant le bien-être physique et la longévité. Le régime jaïn n'est donc pas seulement une pratique religieuse ancienne, mais un modèle alimentaire toujours d'actualité et porteur d'inspiration pour le XXIe siècle. Il nous invite à repenser nos choix alimentaires, à cultiver la compassion et le sens des responsabilités, et à bâtir un avenir plus éthique, sain et durable pour tous les êtres vivants.

En résumé, le régime jaïn et le végétarisme représentent une expression profonde et globale du principe d'Ahimsa au quotidien. Bien plus qu'une simple restriction alimentaire, le régime jaïn incarne un engagement éthique et spirituel, un chemin vers la purification de l'âme, la santé intégrale et la contribution à un monde plus compatissant et durable. En explorant les principes, les pratiques et les bienfaits du régime jaïn, nous pouvons nous inspirer pour repenser nos propres choix alimentaires, cultiver la compassion dans nos assiettes et cheminer vers une alimentation plus éthique, consciente et responsable, au profit de nous-mêmes, des autres êtres vivants et de la planète. Dans le prochain et dernier chapitre, nous verrons la pertinence contemporaine du jaïnisme, en dévoilant la manière dont les principes et valeurs jaïns peuvent s'appliquer et s'épanouir dans le monde moderne, face aux défis et opportunités du XXIe siècle.

Chapitre 16
Temples et Rituels Jaïns

Dans le panorama multiforme de la tradition jaïne, les temples (Derasar) et les rituels jouent un rôle crucial, offrant des espaces sacrés pour le culte, la dévotion et la pratique spirituelle, et servant de centres dynamiques pour la communauté jaïne. Ces lieux de culte, richement imprégnés de symbolisme et de signification, ne sont pas de simples bâtiments, mais plutôt des portails vers la transcendance, des espaces où le pratiquant jaïn peut se connecter aux Tirthankaras, cultiver la foi et la dévotion (Bhakti), et approfondir son cheminement vers la libération (Moksha). Explorer les temples et les rituels jaïns, c'est pénétrer au cœur battant de la pratique dévotionnelle jaïne, en dévoilant la richesse de son symbolisme, la beauté de ses cérémonies et l'importance de sa fonction communautaire et culturelle.

L'architecture et le symbolisme des temples jaïns (Derasar) reflètent les valeurs et les principes centraux de la philosophie jaïne, tels que l'Ahimsa (non-violence), la pureté, la sérénité et la quête de la transcendance. Les temples jaïns, connus sous le nom de Derasar (terme gujarati) ou Mandir (terme hindi), sont généralement construits selon des principes architecturaux spécifiques, avec des caractéristiques distinctives qui les différencient des autres temples religieux indiens.

La structure de base d'un Derasar comprend généralement :

Garbhagriha (Sanctuaire Intérieur) : Le cœur du temple, où l'image principale du Tirthankara (Murtis) est installée. C'est l'espace le plus sacré du temple, réservé aux rituels les plus importants et à la présence des prêtres (Pujari).

Gudhamandapa (Salle de Réunion) : Une salle spacieuse devant le Garbhagriha, où les fidèles se réunissent pour les prières, les chants et les discours religieux. Le Gudhamandapa peut être richement décoré de piliers sculptés, de coupoles et de peintures.

Mukhamandapa (Portique d'Entrée) : Un portique ou une véranda à l'entrée du temple, qui sert d'espace de transition entre le monde extérieur et l'espace sacré du temple.

Shikhar (Pinacle ou Tour) : Une tour élevée et richement sculptée, qui s'élève au-dessus du Garbhagriha, marquant la présence du temple et servant de point focal visuel.

Manastambha (Colonne d'Honneur) : Une colonne haute et imposante, généralement située devant le temple, ornée de sculptures et de symboles jaïns. Le Manastambha symbolise la réfutation de l'orgueil et l'entrée humble dans le temple.

Le symbolisme présent dans l'architecture jaïne est profond et multiforme. L'orientation est de la plupart des temples symbolise la quête de l'illumination, qui surgit avec le soleil levant. Les sculptures élaborées et les motifs ornementaux représentent la beauté et la perfection de l'univers jaïn, et la multiplicité des êtres vivants. Les images des Tirthankaras dans le Garbhagriha représentent les êtres illuminés, les modèles idéaux de perfection spirituelle et les guides sur le chemin de la libération. L'atmosphère de paix et de sérénité qui imprègne les temples jaïns vise à créer un environnement propice à l'introspection, à la méditation et à la dévotion.

Les images des Tirthankaras (Jinas) sont les objets centraux de vénération dans les temples jaïns. Les Tirthankaras, les "Passeurs de Gué", sont des êtres humains illuminés qui ont atteint la libération (Moksha) et qui, par compassion, enseignent le chemin de la libération aux autres êtres. Il y a 24 Tirthankaras dans chaque cycle cosmique, Rishabhanatha étant le premier et Mahavira le dernier Tirthankara du cycle actuel.

Les images des Tirthankaras (Murtis) sont des représentations idéalisées de ces êtres illuminés, caractérisées par une expression sereine et contemplative, transmettant la paix, le calme et l'absence de passions. Les Murtis sont généralement représentées dans deux postures principales :

Kayotsarga (Posture d'Abandon du Corps) : Une posture droite, avec les bras droits le long du corps ou légèrement écartés, représentant la méditation debout et le détachement du corps physique. Cette posture symbolise l'ascétisme radical et le renoncement au monde matériel.

Padmasana (Posture du Lotus) : Une posture assise avec les jambes croisées en lotus, représentant la méditation assise et l'état d'équilibre et d'harmonie intérieure. Cette posture symbolise la tranquillité mentale et la stabilité spirituelle.

Les Murtis des Tirthankaras sont généralement faites de pierre, de marbre ou de métal, et peuvent être nues (Digambara) ou vêtues d'ornements simples (Svetambara), reflétant les différentes traditions monastiques. Les Murtis ne sont pas considérées comme des divinités au sens théiste, mais plutôt comme des symboles inspirants des idéaux jaïns, représentant le potentiel humain d'atteindre la perfection spirituelle et la libération. Vénérer les Murtis, ce n'est pas chercher des faveurs ou des bénédictions, mais plutôt cultiver la dévotion (Bhakti), s'inspirer des exemples des Tirthankaras et renforcer son propre cheminement spirituel.

Les rituels quotidiens et les cérémonies dans les temples jaïns sont des pratiques dévotionnelles qui visent à exprimer la révérence envers les Tirthankaras, à purifier l'esprit et le corps, et à renforcer la connexion avec le Dharma. Parmi les rituels et cérémonies les plus courants, on trouve :

Puja (Adoration) : La Puja est un rituel quotidien d'adoration des Tirthankaras, qui peut être réalisé individuellement ou en groupe, au temple ou à la maison. La Puja implique l'offrande symbolique de huit substances (Ashtamangala) aux Murtis des Tirthankaras, représentant les différents aspects du cheminement spirituel : eau (pureté), bois de santal (pureté), fleurs (non-violence), encens (parfum), lampe (connaissance), riz (pureté), fruits (libération) et sucreries (béatitude).

Pendant la Puja, les fidèles récitent des mantras, des chants et des prières, exprimant leur dévotion et leur gratitude envers les Tirthankaras.

Aarti (Offrande de Lumière) : L'Aarti est une cérémonie d'offrande de lumière, généralement réalisée à l'aube et au crépuscule dans les temples jaïns. Pendant l'Aarti, les prêtres (Pujari) ou les fidèles offrent des lumières allumées (lampes, bougies) aux Murtis des Tirthankaras, accompagnées de chants, de musique et de prières. L'Aarti symbolise la dissipation de l'obscurité de l'ignorance et l'illumination de la connaissance spirituelle.

Abhisheka (Onction) : L'Abhisheka est un rituel d'onction des Murtis des Tirthankaras avec de l'eau, du lait, du bois de santal, du safran et d'autres substances purificatrices. L'Abhisheka est réalisé lors d'occasions spéciales, comme les festivals et les cérémonies de consécration de nouvelles Murtis, symbolisant la purification et la revitalisation des images sacrées.

Stavana (Prière et Chant Dévotionnel) : La Stavana désigne les prières, les hymnes et les chants dévotionnels en l'honneur des Tirthankaras, qui sont récités individuellement ou en groupe, dans les temples ou à la maison. Les Stavanas expriment la dévotion (Bhakti), la gratitude et l'admiration envers les Tirthankaras, en cherchant l'inspiration dans leurs exemples et en renforçant la foi et la connexion avec le Dharma.

L'importance de la dévotion (Bhakti) et de la prière (Stavana) dans la pratique jaïne réside dans leur rôle en tant que moyen de cultiver la foi, l'humilité, la concentration et la connexion spirituelle. Bien que le jaïnisme ne soit pas une tradition théiste au sens conventionnel, la dévotion envers les Tirthankaras et la pratique des rituels et des prières sont considérées comme des pratiques précieuses sur le chemin de la purification de l'âme. La Bhakti jaïne n'est pas une forme d'adoration d'un Dieu créateur, mais plutôt une expression de révérence et d'admiration envers les êtres illuminés, en cherchant l'inspiration dans leurs exemples et en renforçant sa propre aspiration à la libération. La dévotion et la prière aident à calmer l'esprit, à réduire l'égoïsme et l'attachement, et à cultiver des qualités spirituelles telles que la compassion, la gratitude et l'humilité.

Enfin, les temples jaïns, en tant que centres de communauté, d'éducation et de préservation culturelle, jouent un rôle multiforme dans la vie jaïne, allant au-delà de leur simple fonction de lieux de culte. Les Derasar servent de points de rencontre pour la communauté jaïne, où les pratiquants se réunissent pour les rituels, les festivals, les discours religieux, les événements sociaux et les activités communautaires. Les temples fonctionnent également comme des centres d'éducation religieuse, offrant des cours, des conférences, des programmes d'études et des formations sur la philosophie, l'éthique, les écritures et les pratiques jaïnes, pour les enfants, les jeunes et les adultes. De plus, les temples jaïns agissent comme des gardiens de la culture jaïne, préservant l'art, l'architecture, la littérature, les traditions rituelles et les valeurs de la communauté jaïne, en les transmettant aux générations futures.

En résumé, les temples et les rituels jaïns représentent une dimension essentielle de la tradition jaïne, offrant des espaces sacrés pour le culte, la dévotion, la pratique spirituelle et la vie communautaire. L'architecture et le symbolisme des temples reflètent les valeurs jaïnes, tandis que les images des Tirthankaras inspirent la foi et la quête de la libération. Les rituels quotidiens et les cérémonies, tels que la Puja, l'Aarti, l'Abhisheka et la Stavana, cultivent la dévotion, la purification et la connexion spirituelle. Les temples jaïns, plus que de simples bâtiments, sont des centres dynamiques de communauté, d'éducation et de préservation culturelle, jouant un rôle multiforme dans la vie des pratiquants jaïns et dans la continuité de la tradition jaïne à travers les siècles. Dans le prochain chapitre, nous explorerons l'art et l'architecture jaïns plus en détail, en dévoilant le symbolisme et l'esthétique distinctive de la culture visuelle jaïne.

Chapitre 17
Art et Architecture Jaïns

L'art et l'architecture jaïns constituent un trésor visuel unique et inspirant, qui reflète les valeurs, la philosophie et la cosmovision jaïnes de manière éloquente et durable. Loin de l'exubérance ou du dramatisme d'autres traditions artistiques religieuses, l'art jaïn se caractérise par une esthétique sereine, équilibrée et harmonieuse, imprégnée d'un symbolisme profond et intentionnel. Des sculptures majestueuses des Tirthankaras aux détails complexes des temples, la culture visuelle jaïne transmet un message de paix, de non-violence, d'autodiscipline et de quête de libération, invitant l'observateur à la contemplation, à l'introspection et à la connexion avec le Dharma. Explorer l'art et l'architecture jaïns, c'est déchiffrer un langage visuel riche et complexe, qui révèle l'essence de la tradition jaïne et sa contribution singulière au patrimoine culturel de l'Inde et du monde.

Les caractéristiques de l'art jaïn révèlent une esthétique distinctive, façonnée par les principes fondamentaux du jaïnisme. L'art jaïn n'a pas pour but d'orner ou de divertir, mais plutôt d'inspirer, d'éduquer et d'élever spirituellement l'observateur. Parmi les caractéristiques les plus marquantes de l'art jaïn, on peut citer :

Accent sur la Paix et la Sérénité : L'art jaïn cherche à transmettre une atmosphère de paix intérieure, de calme et de sérénité. Les expressions faciales des Tirthankaras dans les sculptures, les couleurs douces et harmonieuses des peintures et l'architecture équilibrée des temples contribuent à créer un environnement qui invite à la contemplation et à la méditation.

La Non-Violence (Ahimsa) comme Thème Central : Le principe de l'Ahimsa imprègne tout l'art jaïn, se manifestant dans la représentation pacifique des êtres, l'absence de scènes violentes ou agressives et le choix de matériaux et de techniques qui minimisent les dommages aux autres formes de vie. L'art jaïn célèbre la vie, la compassion et le respect de tous les êtres vivants.

Idéalisation de la Forme Humaine : Les représentations des Tirthankaras et d'autres figures spirituelles dans l'art jaïn sont hautement idéalisées, cherchant à exprimer la perfection spirituelle et l'absence de passions. Les figures sont généralement représentées avec des proportions harmonieuses, des traits faciaux sereins et des corps dépourvus d'ornements excessifs, transmettant une image de pureté, d'autodiscipline et de détachement.

Symbolisme Riche et Intentionnel : L'art jaïn est rempli de symboles qui représentent des concepts philosophiques, des principes éthiques et des qualités spirituelles importantes dans le jaïnisme. Chaque élément de l'art jaïn, des postures des figures aux motifs ornementaux et aux couleurs utilisées, possède une signification symbolique profonde, qui invite à l'interprétation et à la réflexion.

Détail et Précision : L'art jaïn démontre fréquemment un haut niveau de détail et de précision dans l'exécution, reflétant l'importance de l'attention minutieuse, de la diligence et de la perfection dans la pratique spirituelle jaïne. L'élaboration complexe des sculptures, les lignes fines et précises des peintures et l'architecture méticuleusement planifiée des temples témoignent du soin et du dévouement des artistes jaïns.

Les représentations des Tirthankaras en sculptures et en peintures sont les images les plus vénérées et les plus récurrentes de l'art jaïn. Comme nous l'avons déjà exploré, les Tirthankaras sont les êtres illuminés qui ont atteint la libération et qui enseignent le chemin du Dharma. Les représentations artistiques des Tirthankaras servent d'objets de vénération et d'inspiration, rappelant aux pratiquants les idéaux de perfection spirituelle et le potentiel humain d'atteindre la libération.

Les sculptures des Tirthankaras se trouvent dans les temples, les autels domestiques et les lieux de pèlerinage jaïns. Généralement faites de pierre, de marbre, de métal ou de bois, les sculptures varient en taille, allant de petites statuettes portables à d'immenses images monumentales. Les sculptures suivent un canon iconographique rigoureux, avec des caractéristiques standardisées qui identifient les Tirthankaras et expriment leurs attributs spirituels :

Postures Méditatives : Les sculptures représentent généralement les Tirthankaras en Kayotsarga (posture debout) ou Padmasana (posture du lotus), symbolisant la méditation, l'ascétisme et la stabilité spirituelle.

Symboles Individuels (Lanchhana) : Chaque Tirthankara est associé à un symbole animal spécifique (Lanchhana), qui le distingue des autres. Par exemple, Rishabhanatha est associé au taureau, Ajitanatha à l'éléphant, et Mahavira au lion. Le Lanchhana est généralement sculpté sur la base de la statue ou sur d'autres éléments décoratifs.

Shrivatsa : Un symbole en forme de spirale ou de losange gravé sur la poitrine des Tirthankaras, représentant l'âme pure et infinie.

Trois Parasols (Chattra Traya) : Trois parasols au-dessus de la tête de la statue, symbolisant la domination spirituelle des Tirthankaras sur les trois mondes (céleste, terrestre et infernal).

Auréole (Prabhavali) : Une auréole ou un halo circulaire autour de la tête de la statue, représentant l'aura de lumière et de connaissance qui émane des Tirthankaras.

Les peintures jaïnes, quant à elles, se trouvent dans les manuscrits enluminés, les panneaux de temples, les peintures murales et d'autres formes d'art. Les peintures jaïnes utilisent une palette de couleurs douces et terreuses, avec une prédominance de tons rouges, jaunes, verts et bleus, créant une atmosphère calme et harmonieuse. Les peintures représentent fréquemment des scènes de la vie des Tirthankaras, des récits des écritures jaïnes, des diagrammes cosmologiques (Lokapurusha) et des représentations symboliques des principes jaïns. La technique de peinture jaïne traditionnelle, en particulier dans les manuscrits enluminés, est connue pour sa précision des lignes, ses détails minutieux et ses couleurs vibrantes, appliquées avec des encres naturelles dérivées de minéraux, de plantes et de pigments organiques.

L'utilisation de symboles jaïns est une caractéristique marquante de l'art et de l'architecture jaïns, leur conférant une signification profonde et multiforme. Parmi les symboles jaïns les plus importants et les plus récurrents, on peut citer :

Swastika : L'un des symboles les plus auspicieux et universels du jaïnisme, le Swastika (à ne pas confondre avec la croix gammée nazie, qui est une inversion du symbole jaïn) représente les quatre états d'existence que l'âme peut expérimenter dans le cycle de réincarnation : céleste, humain, infernal et non-humain (animal ou végétal). Les quatre branches du Swastika peuvent également représenter les Quatre Joyaux du Dharma : Connaissance Correcte, Vision Correcte, Conduite Correcte et Ascétisme Correct.

Shri Vatsa : Déjà mentionné, le Shri Vatsa, en forme de spirale ou de losange sur la poitrine des Tirthankaras, symbolise l'âme pure et infinie, l'essence de la conscience libérée.

Nandavarta : Un diagramme en forme d'étoile à neuf branches ou un mandala carré, représentant le Mont Meru, la montagne cosmique centrale de l'univers jaïn, et les différents niveaux de la cosmologie jaïne.

Darpana (Miroir) : Le miroir symbolise l'âme pure et immaculée, qui reflète la réalité sans distorsion. Il peut également représenter la conscience de soi et l'importance de réfléchir sur ses propres actions et pensées.

Kalasha (Vase Sacré) : Le vase rempli d'eau, fréquemment représenté dans les temples jaïns, symbolise la plénitude, la prospérité et la pureté. Il peut également représenter le nectar de l'immortalité et la quête de la libération.

Poissons Jumeaux (Matsyayugala) : Deux poissons côte à côte, nageant dans des directions opposées, symbolisent le cycle de la naissance et de la mort (Samsara) et la dualité de l'existence conditionnée. Ils peuvent également représenter la quête de l'équilibre et le dépassement de la dualité.

L'architecture des temples jaïns est caractérisée par une variété d'éléments et de styles, qui varient en fonction de la région, de la période historique et de la secte jaïne. Cependant, certains éléments architecturaux sont communs à la plupart des temples jaïns, reflétant les principes et les valeurs de la tradition :

Piliers (Stambha) : Les temples jaïns présentent fréquemment des piliers richement sculptés, soutenant les toits, les coupoles et les mandapas. Les piliers peuvent être décorés de figures de divinités, de motifs géométriques, de motifs floraux et de récits des écritures jaïnes. Les piliers symbolisent la stabilité, le soutien et la force du Dharma.

Coupole (Shikhar) : Comme mentionné, le Shikhar, le pinacle ou la tour qui s'élève au-dessus du Garbhagriha, est une caractéristique distinctive des temples jaïns. Les coupoles peuvent varier en forme et en taille, mais elles sont généralement élaborées et ornées, symbolisant l'ascension spirituelle et la quête de la libération.

Mandapas (Salles) : Les Mandapas, les salles de réunion et de prière, sont des espaces vastes et ouverts, destinés à accueillir les fidèles et les activités communautaires du temple. Les Mandapas peuvent être décorés de piliers, de sculptures, de peintures et de fenêtres qui laissent entrer la lumière naturelle, créant un environnement aéré et accueillant.

Toranas (Arcs Ornementaux) : Les Toranas, arcs d'entrée richement sculptés, marquent l'entrée du temple ou des zones sacrées à l'intérieur du temple. Les Toranas peuvent être ornés de figures de Yakshas et Yakshinis (divinités protectrices), d'animaux, de motifs géométriques et de récits des écritures jaïnes, symbolisant l'entrée dans l'espace sacré et la transition vers le monde spirituel.

Jali (Écrans de Pierre Ajourée) : Dans certains temples jaïns, en particulier dans les styles architecturaux de l'ouest de l'Inde, les fenêtres et les murs peuvent être construits avec des Jali, des écrans de pierre ajourée avec des motifs géométriques ou floraux complexes. Les Jali permettent à la lumière et à la ventilation d'entrer, tout en maintenant l'intimité et en créant un effet visuel de lumière et d'ombre.

L'art et l'architecture jaïns, en tant qu'expressions de la philosophie et des valeurs jaïnes, transcendent la simple esthétique visuelle, devenant des véhicules puissants pour la transmission des enseignements du Dharma. En contemplant les sculptures des Tirthankaras, les symboles jaïns et l'architecture des temples, le pratiquant jaïn est rappelé aux idéaux de non-violence, d'autodiscipline, de pureté et de quête de la libération. L'art jaïn ne se contente pas de décorer les espaces sacrés, mais les imprègne également de signification spirituelle, créant un environnement propice à la dévotion, à la méditation et à la transformation intérieure. La culture visuelle jaïne, avec sa beauté sereine et son symbolisme profond, offre une contribution précieuse au patrimoine artistique et spirituel de l'humanité, invitant à la réflexion sur les valeurs éternelles de la paix, de la compassion et de la quête de la vérité. Dans le prochain chapitre, nous explorerons les festivals et les célébrations jaïnes, dévoilant les principales festivités religieuses et la manière dont la communauté jaïne célèbre et vit le Dharma à travers le calendrier festif.

Chapitre 18
Principales Fêtes Religieuses

Le calendrier jaïn est ponctué d'une série de festivals et de célébrations qui marquent des dates religieuses importantes, honorent des figures vénérées et renforcent l'esprit communautaire de la Sangha jaïne. Ces festivals, vibrants de couleur, de dévotion et de signification, ne sont pas de simples occasions festives, mais plutôt des opportunités spirituelles pour approfondir la pratique du Dharma, renouveler les vœux, rechercher la purification de l'âme et célébrer les valeurs centrales du jaïnisme. Explorer les festivals jaïns, c'est plonger dans le rythme palpitant de la vie religieuse jaïne, dévoilant les traditions, les rituels et la profonde importance spirituelle qui imprègnent ces dates festives.

Mahavir Jayanti, la célébration de l'anniversaire de Mahavira, le dernier Tirthankara du cycle actuel, est l'une des festivités les plus importantes et les plus révérées du calendrier jaïn. Célébrée annuellement le treizième jour de la quinzaine sombre du mois de Chaitra (généralement en mars ou avril), Mahavir Jayanti commémore la naissance de Vardhamana, qui deviendra plus tard Mahavira, le grand réformateur et propagateur du jaïnisme. En ce jour propice, les jaïns célèbrent la vie, les enseignements et l'héritage de Mahavira, renouvelant leur engagement envers les principes jaïns et cherchant l'inspiration dans son exemple d'ascétisme, de non-violence et de quête de la libération.

Les célébrations de Mahavir Jayanti varient en détails entre les différentes sectes et régions jaïnes, mais comprennent généralement des éléments communs tels que :

Visites aux Temples (Derasar) : Les jaïns visitent traditionnellement les temples (Derasar) lors de Mahavir Jayanti pour offrir des prières, participer à des rituels et vénérer les Murtis (images) de Mahavira et d'autres Tirthankaras. Les temples sont spécialement décorés et illuminés pour l'occasion, créant une atmosphère festive et dévotionnelle.

Abhisheka (Onction Rituelle) : Dans de nombreux temples, l'Abhisheka est réalisé, le rituel d'onction des Murtis de Mahavira avec de l'eau, du lait et d'autres substances purificatrices. Ce rituel symbolise la purification et la revitalisation de l'énergie spirituelle des images sacrées.

Processions et Défilés : Dans certaines villes et communautés jaïnes, des processions et des défilés festifs sont organisés lors de Mahavir Jayanti, avec la Murti de Mahavira transportée sur un palanquin ou un char à travers les rues, accompagnée de chants, de musique et de danses dévotionnelles.

Lectures des Écritures (Agama) : Des discours religieux et des lectures des écritures jaïnes (Agama) sont organisés dans les temples et les centres communautaires lors de Mahavir Jayanti, rappelant les enseignements de Mahavira et inspirant les pratiquants à suivre le chemin du Dharma.

Dons et Charité (Dana) : Dans un esprit de compassion et de générosité, les jaïns pratiquent la charité et les dons (Dana) lors de Mahavir Jayanti, offrant nourriture, vêtements, argent et autres aides aux nécessiteux. Des campagnes de don de sang, la distribution de nourriture aux pauvres et l'organisation d'événements de service communautaire sont courantes ce jour-là.

Jeûne et Pratiques Ascétiques : Certains jaïns observent un jeûne partiel ou complet lors de Mahavir Jayanti, comme moyen de pratiquer l'ascétisme et l'autodiscipline, en émulation de l'exemple de Mahavira. La méditation, la prière et d'autres pratiques spirituelles sont intensifiées ce jour-là, recherchant la purification de l'âme et la connexion au Dharma.

Paryushan Parva, connu comme le "festival du pardon" et le festival le plus important de l'année jaïne, est une période de huit jours de pratique spirituelle intense, d'introspection et de repentir. Célébré annuellement pendant le mois de Bhadrapada (généralement en août ou septembre), Paryushan Parva offre aux jaïns une occasion précieuse de réfléchir à leurs actions, paroles et pensées de l'année précédente, de demander pardon pour toute transgression et de renouveler leur engagement envers les principes jaïns.

Les huit jours de Paryushan Parva sont marqués par diverses pratiques spirituelles, notamment :

Ayambil Tap : De nombreux jaïns pratiquent l'Ayambil Tap pendant Paryushan, un type de jeûne rigoureux qui permet de manger seulement une fois par jour, à une période spécifique, et uniquement des aliments fades et non cuits. L'Ayambil Tap vise à purifier le corps, à renforcer l'autodiscipline et à réduire l'attachement aux plaisirs du palais.

Upvas (Jeûne) : En plus de l'Ayambil Tap, de nombreux jaïns observent également un jeûne complet (Upvas) pendant un ou plusieurs jours pendant Paryushan, s'abstenant de nourriture et d'eau. Le jeûne est considéré comme une forme puissante d'ascétisme, de purification et d'introspection.

Pratikramana (Repentir et Confession) : Le Pratikramana, le rituel quotidien de repentir et de confession, est pratiqué de manière intensifiée pendant Paryushan. Les jaïns réfléchissent à leurs transgressions éthiques et morales de l'année précédente, demandent pardon à tous les êtres vivants qu'ils ont pu blesser, et font des vœux pour éviter de répéter ces erreurs à l'avenir.

Lecture des Écritures (Kalpa Sutra) : Pendant Paryushan, les écritures jaïnes, en particulier le Kalpa Sutra, qui relate la vie des Tirthankaras, sont lues et expliquées dans les temples et les centres communautaires. Le Kalpa Sutra est considéré comme un texte sacré et inspirant, et sa lecture pendant Paryushan vise à rappeler les enseignements du Dharma et à renforcer la foi.

Discours Religieux (Pravachan) : Des moines et nonnes jaïns prononcent des discours religieux

(Pravachan) pendant Paryushan, abordant des thèmes tels que l'Ahimsa, le Karma, le Moksha, l'importance du pardon et la pratique spirituelle. Les Pravachan offrent des conseils, de l'inspiration et des éclaircissements sur le Dharma jaïn.

Kshamapana (Jour du Pardon) : Le dernier jour de Paryushan, connu sous le nom de Samvatsari Pratikramana ou Kshamavani, est dédié au pardon. Ce jour-là, les jaïns recherchent activement le pardon de tous ceux qu'ils ont pu offenser, et offrent le pardon à tous ceux qui les ont offensés, à travers la formule traditionnelle "Micchami Dukkadam" (qui signifie "que toutes mes transgressions soient fructueuses d'inutilité"). Le Kshamapana vise à purifier les relations, à cultiver la compassion et à promouvoir l'harmonie sociale.

Diwali (Deepavali), le festival des lumières, bien que célébré également par les hindous et les sikhs, revêt une signification particulière pour les jaïns, marquant la date de la libération (Moksha) de Mahavira. Célébré le dernier jour du mois d'Ashvin, Diwali, pour les jaïns, n'est pas seulement un festival de lumières et de célébration de la prospérité, mais plutôt une commémoration de l'illumination et de la libération de Mahavira du cycle de la naissance et de la mort. Ce jour-là, les jaïns célèbrent le triomphe de la lumière de la connaissance sur l'obscurité de l'ignorance et l'atteinte du Nirvana par Mahavira.

Les célébrations de Diwali jaïn comprennent :

Nirvana Kalyanak Puja : Un Puja spécial est réalisé dans les temples jaïns lors de Diwali, connu sous le nom de Nirvana Kalyanak Puja, pour célébrer le

Nirvana de Mahavira et vénérer son âme libérée (Siddha). Ce Puja met l'accent sur la quête de la libération et l'idéal du Moksha.

Illumination des Temples et des Maisons : Comme dans d'autres traditions indiennes, les jaïns illuminent également leurs temples et leurs maisons avec des lampes à huile (Diyas) et des lumières électriques lors de Diwali. L'illumination symbolise la lumière de la connaissance spirituelle que Mahavira a apportée au monde et l'espoir de dissiper l'obscurité de l'ignorance.

Lakshmi Puja (Symbolique) : Bien que la déesse Lakshmi soit plus proéminente dans le panthéon hindou, certains jaïns réalisent également une forme symbolique de Lakshmi Puja lors de Diwali, recherchant la prospérité et le bien-être pour l'année à venir. Cependant, l'accent jaïn sur Diwali reste sur la célébration de la libération spirituelle et non sur la recherche de richesses matérielles.

Friandises et Cadeaux : L'échange de friandises et de cadeaux entre parents et amis est également une pratique courante lors de Diwali jaïn, renforçant les liens sociaux et communautaires.

Akshaya Tritiya, célébré le troisième jour de la quinzaine claire du mois de Vaishakha (généralement en avril ou mai), commémore un événement significatif dans la vie de Rishabhanatha, le premier Tirthankara du cycle cosmique actuel. Akshaya Tritiya marque le jour où Rishabhanatha a mis fin à sa longue période d'ascétisme et de jeûne, recevant de la nourriture pour la première fois après son illumination (Kevala Jnana). Ce festival célèbre l'importance de la charité (Dana), de la compassion et du soutien aux ascètes jaïns.

Les célébrations d'Akshaya Tritiya comprennent :

Reconstitution du Premier Déjeuner de Rishabhanatha : Dans certains temples et communautés jaïnes, une reconstitution symbolique du premier déjeuner de Rishabhanatha est organisée, avec un moine ou un dévot représentant Rishabhanatha recevant de la nourriture des laïcs. Cette reconstitution vise à rappeler l'importance du soutien aux ascètes et à cultiver la gratitude pour l'opportunité de pratiquer la charité (Dana).

Offrande de Jus de Canne à Sucre : Traditionnellement, lors d'Akshaya Tritiya, les jaïns offrent du jus de canne à sucre aux ascètes et aux temples, en mémoire de la nourriture originale que Rishabhanatha a reçue. Le jus de canne à sucre symbolise la nutrition, la douceur et la pureté.

Dana (Charité) : Akshaya Tritiya est considéré comme un jour particulièrement propice à la pratique de la charité (Dana) sous toutes ses formes. Les jaïns sont encouragés à faire des dons aux temples, aux institutions caritatives, aux ascètes et aux personnes dans le besoin, cherchant à accumuler du mérite spirituel et à exprimer leur compassion.

En plus de ces festivals principaux, le calendrier jaïn comprend d'autres dates importantes et observances, telles que :

Pancha Kalyanakas : Célébrations qui marquent les cinq événements propices dans la vie de chaque Tirthankara : Chyavana (conception), Janma (naissance), Diksha (renonciation), Kevala Jnana (illumination) et Nirvana (libération). Les Pancha Kalyanakas peuvent être célébrés à des dates spécifiques pour chaque Tirthankara ou lors de festivals collectifs.

Rohini Vrata : Un vœu de jeûne observé par les femmes jaïnes pour rechercher le bonheur conjugal et la prospérité familiale. Il est observé chaque mois lunaire, avec un jeûne le jour de Rohini Nakshatra (constellation).

Shashwati Vrata : Un vœu de jeûne perpétuel observé par certains jaïns, pratiquant un jeûne intermittent tout au long de la vie, à des jours spécifiques du calendrier lunaire.

Les festivals et célébrations jaïns, en tant qu'expression de la vie communautaire et de la pratique du Dharma, jouent un rôle multiforme dans la tradition jaïne. Ils renforcent les liens communautaires, offrant des opportunités aux jaïns de se réunir, de célébrer ensemble, de partager leur foi et de renforcer leurs relations. Les festivals servent également de véhicules pour l'éducation religieuse, transmettant les enseignements du Dharma aux nouvelles générations à travers des rituels, des discours, des lectures et des activités éducatives. De plus, les festivals jaïns inspirent la pratique spirituelle, motivant les pratiquants à intensifier leurs pratiques ascétiques, à renouveler leurs vœux, à réfléchir sur leurs vies et à rechercher la purification de l'âme. Les célébrations jaïnes, dans leur essence, sont des expressions vivantes du Dharma, des moments de joie, de dévotion et de renouveau spirituel qui enrichissent le voyage jaïn et renforcent la communauté jaïne dans le monde entier. Dans le prochain chapitre, nous explorerons la communauté jaïne et son engagement social, dévoilant les contributions jaïnes à la société et le rôle du jaïnisme dans la promotion de la paix, de la non-violence et de la justice sociale.

Chapitre 19
Communauté Jaïne

La tradition jaïne, depuis ses origines dans l'Inde ancienne, ne s'est jamais limitée au domaine de la contemplation individuelle et de la pratique ascétique isolée. Au contraire, la communauté jaïne (Sangha) a toujours joué un rôle vital, agissant comme un fondement pour la préservation de la foi, la transmission des enseignements et la manifestation des valeurs jaïnes dans le tissu social. Activement engagée dans le monde qui l'entoure, la communauté jaïne a apporté des contributions remarquables à la société au fil des siècles, dans des domaines aussi divers que la philosophie, l'art, la littérature, la science et l'éthique, promouvant la paix, la non-violence et la justice sociale. Explorer la communauté jaïne et son engagement social, c'est dévoiler le visage actif et altruiste du jaïnisme, en comprenant comment ses valeurs transcendent la sphère individuelle et rayonnent, transformant positivement le monde.

La structure de la communauté jaïne (Sangha) est un pilier fondamental de la tradition, constituant l'épine dorsale qui soutient la foi et la pratique jaïnes à travers les générations. La Sangha jaïne, traditionnellement divisée en quatre parties - moines (Sadhu), nonnes

(Sadhvi), laïcs (Shravaka) et laïques (Shravika) - fonctionne comme un réseau de soutien mutuel, d'apprentissage et de pratique spirituelle, garantissant la continuité et la vitalité du Dharma jaïn.

Le rôle de la Sangha dans la préservation de la tradition est multiforme et essentiel. Les moines et les nonnes, dédiés intégralement à la vie ascétique, agissent comme les gardiens des enseignements, préservant les écritures sacrées (Agamas), transmettant la connaissance du Dharma par la prédication et l'enseignement, et personnifiant les idéaux jaïns de renoncement, de non-violence et d'autodiscipline. Les laïcs, quant à eux, jouent un rôle crucial dans le soutien matériel et social de la Sangha, offrant un soutien financier, de la nourriture, des vêtements et un abri aux ascètes, et créant un environnement social propice à la pratique et à la diffusion des valeurs jaïnes. Cette relation symbiotique et de soutien mutuel entre la communauté monastique et la communauté laïque assure la continuité de la tradition et la transmission du Dharma aux générations futures.

L'importance de l'éducation jaïne et de la transmission des valeurs aux nouvelles générations est une priorité constante au sein de la communauté jaïne. Reconnaissant que la préservation de la tradition dépend de l'éducation et de l'engagement des générations futures, la communauté jaïne investit de manière significative dans les institutions éducatives, les programmes d'enseignement religieux et les activités culturelles destinés aux enfants, aux jeunes et aux adultes. Les temples jaïns (Derasar) et les centres communautaires offrent fréquemment des cours de Dharma, des cours de jaïnologie, des programmes d'étude des écritures, des retraites spirituelles et des activités ludiques et éducatives pour les enfants et les jeunes, visant à inculquer les valeurs jaïnes dès l'enfance, à renforcer l'identité religieuse et à préparer les nouvelles générations à assumer la responsabilité de la continuité de la tradition.

Les contributions jaïnes à la philosophie, à l'art, à la littérature, à la science et à l'éthique sont vastes et profondes, enrichissant le patrimoine culturel de l'Inde et du monde. En philosophie, le jaïnisme a développé des systèmes logiques et épistémologiques sophistiqués, tels que l'Anekantavada (relativisme) et le Syadvada (prédication conditionnelle), qui offrent des perspectives uniques sur la nature de la réalité, de la connaissance et de la vérité, promouvant la tolérance, le dialogue et la compréhension de la multiplicité des points de vue. Dans l'art et l'architecture, comme nous l'avons exploré au chapitre précédent, le jaïnisme a légué des temples majestueux, des sculptures sereines et des peintures complexes, imprégnés d'un symbolisme profond et d'une esthétique distinctive, transmettant les valeurs de paix, de non-violence et de quête de la libération. Dans la littérature, les Agamas et autres écritures jaïnes, préservées dans des langues anciennes telles que l'Ardhamagadhi et le sanskrit, constituent un riche corpus de textes philosophiques, éthiques, narratifs et poétiques, qui explorent le voyage spirituel, la cosmologie jaïne et les principes du Dharma.

Dans le domaine de la science, bien que le jaïnisme n'ait pas développé de tradition scientifique au sens moderne, ses principes philosophiques et éthiques, tels que l'Ahimsa et l'Anekantavada, ont une résonance avec des concepts scientifiques contemporains, tels que l'écologie, la physique quantique et la théorie de la complexité, offrant des éclairages précieux pour une science plus éthique, responsable et alignée sur la vision d'interconnexion et d'interdépendance de la vie. Dans le domaine de l'éthique, la contribution jaïne est indéniable et séminale, avec le principe d'Ahimsa (non-violence) comme pierre angulaire d'un système éthique complet et rigoureux, qui englobe toutes les formes de vie et influence la conduite individuelle, sociale et politique, promouvant la compassion, la justice et la paix.

L'engagement social de la communauté jaïne dans des domaines tels que l'éducation, la santé et le bien-être animal reflète l'application pratique des valeurs jaïnes dans la vie quotidienne et la recherche d'un monde plus juste et plus compatissant. En matière d'éducation, les institutions éducatives jaïnes, des écoles primaires aux universités, offrent un enseignement de qualité, combinant le programme académique avec l'éducation morale et éthique basée sur les principes jaïns, formant des citoyens conscients, responsables et vertueux. Dans le domaine de la santé, les hôpitaux et cliniques jaïns, souvent gérés par des organisations caritatives jaïnes, offrent des services de santé accessibles et compatissants, souvent avec un accent sur les approches holistiques et préventives, et dans le respect de la dignité et des droits des patients. En matière de bien-être animal, la communauté jaïne est pionnière et exemplaire, avec un engagement fort en faveur de la protection des animaux, un végétarisme rigoureux, la promotion d'alternatives éthiques à l'exploitation animale et le fonctionnement de refuges et de sanctuaires pour animaux sauvés.

Le rôle du jaïnisme dans la promotion de la paix, de la non-violence et de la justice sociale est une marque distinctive de la tradition jaïne et une contribution pertinente au monde contemporain. Le principe d'Ahimsa, poussé à ses ultimes conséquences dans le jaïnisme, n'est pas seulement une abstention de la violence physique, mais bien un impératif éthique global qui imprègne tous les aspects de la vie, des choix alimentaires et du comportement individuel aux politiques publiques et aux relations internationales. La communauté jaïne, tout au long de l'histoire, s'est positionnée comme une voix en faveur de la paix, de la justice et de la non-violence, promouvant le dialogue, la tolérance, la compréhension mutuelle et la résolution pacifique des conflits, tant au niveau interpersonnel qu'au niveau mondial. Dans un monde marqué par la violence, l'injustice et l'inégalité, le jaïnisme offre une voie alternative, un modèle de société pacifique et compatissante, basée sur les principes de la non-violence, de la responsabilité et de l'interconnexion de toute vie.

En résumé, la communauté jaïne et son engagement social représentent une dimension vitale et dynamique de la tradition jaïne. La Sangha, avec sa structure et son interdépendance entre moines, nonnes et laïcs, assure la préservation et la transmission du Dharma. L'éducation jaïne vise à former de nouvelles générations imprégnées des valeurs jaïnes. Les contributions jaïnes à la philosophie, à l'art, à la littérature, à la science et à l'éthique enrichissent le patrimoine culturel de l'humanité. L'engagement social dans l'éducation, la santé et le bien-être animal démontre l'application pratique des principes jaïns dans la vie quotidienne. Le rôle du jaïnisme dans la promotion de la paix, de la non-violence et de la justice sociale offre un chemin vers un monde plus compatissant et harmonieux. La communauté jaïne, dans sa diversité et son engagement, continue d'être un phare d'espoir et un agent de transformation positive dans le monde contemporain, rayonnant les valeurs éternelles du jaïnisme au-delà de ses frontières religieuses et culturelles. Dans la quatrième partie de ce livre, nous explorerons le jaïnisme dans le monde moderne, en approfondissant l'analyse de la pertinence contemporaine du jaïnisme et ses applications dans des domaines tels que la science, l'environnementalisme, la construction de la paix, le dialogue interreligieux, ainsi que les défis et les opportunités auxquels le jaïnisme est confronté au XXIe siècle.

Chapitre 20
Jaïnisme et Science

Au XXIe siècle, dans un monde de plus en plus façonné par les avancées de la science et de la technologie, le dialogue entre les traditions religieuses anciennes et la connaissance scientifique moderne devient non seulement pertinent, mais essentiel. Le jaïnisme, avec sa riche philosophie et son éthique sophistiquée, offre une perspective singulière dans ce dialogue, révélant des points de convergence remarquables et des aperçus précieux qui peuvent enrichir tant la compréhension scientifique de la réalité que l'application éthique de la connaissance scientifique. Explorer la relation entre jaïnisme et science ne signifie pas chercher une validation scientifique des doctrines jaïnes, mais plutôt identifier des parallèles conceptuels, des domaines de compatibilité et des contributions potentielles que chaque champ peut offrir à l'autre, promouvant une vision plus complète et intégrée du monde et de la place de l'humanité en son sein.

Les parallèles entre les principes jaïns et les concepts scientifiques modernes émergent dans divers domaines, révélant des affinités surprenantes entre une sagesse millénaire et les découvertes de la science contemporaine. Bien que le jaïnisme ne soit pas une tradition scientifique au sens moderne, certains principes fondamentaux de la philosophie jaïne résonnent avec des concepts et des modèles scientifiques, suggérant une compatibilité sous-jacente et un terrain commun pour le dialogue.

Premièrement, l'écologie et le principe de l'Ahimsa trouvent un point de convergence notable. La vision jaïne de l'Ahimsa (non-violence), qui s'étend à toutes les formes de vie et reconnaît l'interconnexion de tous les êtres vivants (Jiva), fait écho aux principes fondamentaux de l'écologie moderne. L'écologie nous enseigne la complexité des réseaux écologiques, l'interdépendance des espèces et l'importance de la biodiversité pour la santé de la planète. De même, le jaïnisme met l'accent sur l'interconnexion de toute vie, l'importance de respecter et de protéger tous les êtres vivants, et la nécessité de vivre en harmonie avec la nature. Les deux perspectives reconnaissent que la violence contre la nature, que ce soit par l'exploitation excessive des ressources naturelles, la pollution ou la destruction des habitats, a des conséquences négatives non seulement pour l'environnement, mais aussi pour l'humanité elle-même. L'Ahimsa jaïne peut donc être considérée comme un principe éthique fondamental pour l'environnementalisme, offrant une base philosophique solide pour la protection de la planète et la recherche d'un avenir durable.

Deuxièmement, la physique moderne, en particulier la physique quantique et la théorie de la relativité, et le principe de l'Anekantavada (relativisme) présentent des résonances conceptuelles stimulantes.

L'Anekantavada, la doctrine jaïne de la multiplicité des perspectives et de la relativité de la vérité, postule que la réalité est complexe, multiforme et qu'aucune perspective unique ne peut la saisir complètement. Cette vision fait écho à la complexité et à la nature paradoxale de la réalité révélée par la physique moderne. La physique quantique, par exemple, démontre que les particules subatomiques peuvent se comporter à la fois comme des ondes et comme des particules, selon la perspective de l'observateur. La théorie de la relativité d'Einstein remet en question les notions classiques d'espace et de temps en tant qu'entités absolues, montrant qu'ils sont relatifs à l'observateur et à son référentiel. Tout comme l'Anekantavada jaïn reconnaît la validité de multiples perspectives dans la compréhension de la réalité, la physique moderne révèle que la réalité elle-même est multiforme et dépend de la perspective de l'observateur. L'Anekantavada peut donc être considéré comme une approche épistémologique précurseur, qui anticipe la complexité et la relativité de la réalité que la science moderne révèle.

Troisièmement, la biologie et la théorie du Jiva peuvent être explorées à la recherche de points de connexion, bien qu'avec prudence et respect pour les distinctions entre les domaines. Le concept jaïn de Jiva, l'âme individuelle, consciente et éternelle, présente dans tous les êtres vivants, peut être interprété, dans une perspective séculière, comme une référence à la force vitale, à la conscience ou à la complexité inhérente à la vie. Bien que la science biologique ne valide pas l'existence de l'âme au sens métaphysique jaïn, elle reconnaît la complexité et la singularité des systèmes vivants, la présence de processus auto-organisationnels, la capacité de réponse à l'environnement et, à des niveaux plus complexes, la manifestation de la conscience. La vision jaïne du Jiva peut donc être considérée comme une expression philosophique ancienne d'une intuition sur la vitalité et la singularité de la vie, qui, d'une certaine manière, résonne avec l'admiration et la révérence pour la complexité de la vie que nous trouvons également dans la biologie moderne. Il est crucial de noter que cette comparaison ne cherche pas à valider scientifiquement la croyance en l'âme jaïne, mais plutôt à identifier un point de dialogue et de réflexion sur la nature de la vie et de la conscience.

L'Ahimsa et l'éthique environnementale deviennent particulièrement pertinentes dans le contexte de la crise écologique mondiale à laquelle nous sommes confrontés aujourd'hui. La vision jaïne d'interconnexion et de respect pour toute vie offre une base éthique solide pour l'environnementalisme et la recherche de solutions durables aux défis environnementaux. Le jaïnisme nous invite à repenser notre relation avec la nature, à abandonner la vision anthropocentrique qui place les êtres humains au centre de l'univers et à adopter une perspective biocentrique ou écocentrique, qui reconnaît la valeur intrinsèque de toutes les formes de vie et la nécessité de protéger et de préserver la biodiversité de la planète. L'Ahimsa environnementale jaïne implique de réduire la consommation, de minimiser les déchets, d'opter pour des pratiques durables, de protéger les habitats naturels et de respecter les droits des animaux.

Dans un monde menacé par les changements climatiques, la perte de biodiversité, la pollution et l'exploitation prédatrice des ressources naturelles, l'éthique environnementale jaïne offre un guide précieux pour l'action et un appel à la responsabilité écologique globale.

L'Anekantavada et la complexité de la réalité résonnent avec la compréhension scientifique croissante que le monde est complexe, multiforme et que les phénomènes naturels peuvent rarement être expliqués par des modèles simplistes ou linéaires. La science moderne, dans divers domaines comme la physique, la biologie, les sciences sociales et la théorie de la complexité, reconnaît l'importance de la perspective, du contexte et de l'interconnexion dans la compréhension de la réalité. L'Anekantavada jaïn, en nous rappelant la multiplicité des perspectives et la relativité de la vérité, peut nous aider à développer un esprit plus ouvert, flexible et tolérant face à la complexité du monde, tant dans le domaine scientifique que dans d'autres domaines de la vie. La perspective jaïne peut nous encourager à surmonter le dogmatisme, le réductionnisme et la pensée binaire, et à adopter une approche plus holistique, intégrative et dialogique dans la recherche de la connaissance et la résolution de problèmes complexes.

Le jaïnisme et la recherche d'une science éthique et responsable soulignent la nécessité d'intégrer des valeurs éthiques et spirituelles dans la pratique scientifique et dans l'application de la connaissance scientifique. Le jaïnisme, avec son accent sur l'Ahimsa, la compassion, la non-possessivité et l'autodiscipline, peut offrir un cadre éthique précieux pour guider la recherche scientifique, l'innovation technologique et l'utilisation de la connaissance scientifique pour le bien-être de l'humanité et de la planète. Une science éthiquement informée par le jaïnisme chercherait à minimiser les dommages et la souffrance, à promouvoir la justice et l'équité, à respecter la diversité de la vie, et à privilégier le bien commun par rapport aux intérêts particuliers ou commerciaux. Le dialogue entre le jaïnisme et la science peut contribuer au développement d'une science plus humaine, responsable et durable, qui reconnaît les limites de la connaissance scientifique, l'importance de l'humilité intellectuelle et la nécessité de considérer les implications éthiques et sociales de chaque avancée scientifique.

En conclusion, le jaïnisme et la science, bien qu'ils empruntent des chemins distincts dans la quête de la connaissance, révèlent des points de convergence et des aperçus mutuels qui enrichissent notre compréhension du monde. Le jaïnisme offre une éthique de la non-violence qui résonne avec les principes de l'écologie et un appel à la responsabilité environnementale. L'Anekantavada anticipe la complexité et la relativité de la réalité révélées par la physique moderne. La philosophie du Jiva inspire une réflexion sur la nature de la vie et de la conscience. Le dialogue entre le jaïnisme et la science peut contribuer au développement d'une science plus éthique, responsable et holistique, et à une vision du monde plus intégrée, compatissante et durable. Il est important de souligner que ce dialogue ne vise pas à soumettre la foi à la raison ou à valider scientifiquement les croyances religieuses, mais plutôt à explorer les riches intersections entre sagesse ancienne et connaissance moderne, en cherchant un avenir où la science et la spiritualité pourront cheminer ensemble vers un monde meilleur. Dans le prochain chapitre, nous approfondirons la discussion sur l'éthique environnementale jaïne, en explorant en détail la pertinence écologique du principe de l'Ahimsa.

Chapitre 21
Jaïnisme et Environnementalisme

Dans un monde confronté à des défis environnementaux sans précédent, du changement climatique à la perte de biodiversité et à la pollution généralisée, la sagesse ancestrale des traditions religieuses peut offrir des perspectives et des orientations précieuses pour l'action. Le jaïnisme, avec son principe central d'Ahimsa (non-violence), apparaît comme une voix prophétique et pertinente dans le débat environnemental contemporain, offrant une éthique écologique profonde et complète, capable d'inspirer une transformation radicale dans notre relation avec la nature et la planète. Explorer le jaïnisme et l'environnementalisme, c'est dévoiler la pertinence écologique de l'Ahimsa, en comprenant comment ce principe éthique millénaire peut fournir une base solide pour la protection de l'environnement, la promotion de la durabilité et la recherche d'un avenir harmonieux pour tous les êtres vivants.

L'Ahimsa, en tant que principe fondamental de l'environnementalisme jaïn, constitue le fondement d'une éthique écologique singulièrement profonde et complète. Comme nous l'avons déjà souligné, l'Ahimsa jaïne ne se limite pas à l'absence de violence physique contre les êtres humains, mais s'étend à toutes les formes de vie (Jiva), reconnaissant que chaque être vivant possède une âme, la capacité de ressentir la douleur et la souffrance, et le droit à la vie et au bien-être. Cette vision inclusive de l'Ahimsa transcende l'anthropocentrisme commun à de nombreuses autres traditions éthiques, plaçant la protection de toute vie au centre de la moralité et de l'action.

Dans le contexte environnemental, l'Ahimsa se manifeste comme un impératif éthique d'éviter toute forme de violence contre la nature, que ce soit par l'exploitation prédatrice des ressources naturelles, la pollution, la destruction des habitats, l'extinction des espèces ou toute action qui cause des dommages ou des souffrances aux écosystèmes et aux êtres vivants qui les habitent. L'environnementalisme jaïn n'est donc pas seulement une question de protection de l'environnement pour le bénéfice humain, mais plutôt un engagement intrinsèque envers la non-violence, une extension naturelle du principe de l'Ahimsa au règne de la nature, reconnaissant l'interconnexion de tous les êtres et l'importance de vivre en harmonie avec le monde naturel.

La protection de toutes les formes de vie et le rejet de l'exploitation de la nature sont des corollaires logiques du principe de l'Ahimsa dans le contexte environnemental jaïn. Pour le jaïn, la nature n'est pas simplement un ensemble de ressources à exploiter pour le bénéfice humain, mais plutôt un foyer partagé par d'innombrables formes de vie, chacune avec sa propre valeur intrinsèque et son droit à l'existence.

L'exploitation prédatrice de la nature, motivée par la cupidité, le consumérisme et le manque de considération pour les autres êtres vivants, est considérée comme une forme de violence, une transgression du principe de l'Ahimsa et une source de souffrance et de déséquilibre pour la planète.

Le jaïnisme rejette la vision anthropocentrique qui place les êtres humains au centre de la création et les considère comme supérieurs aux autres formes de vie. Au lieu de cela, il propose une perspective biocentrique ou écocentrique, qui reconnaît la valeur inhérente de tous les êtres vivants, indépendamment de leur utilité pour les humains, et qui souligne l'importance de protéger et de préserver la biodiversité de la planète. La protection des forêts, des rivières, des océans, des animaux, des plantes et des micro-organismes n'est pas seulement une question de responsabilité environnementale, mais plutôt un impératif moral pour le jaïn, une expression de l'Ahimsa et de la compassion universelle.

Les pratiques écologiques jaïnes découlent directement du principe de l'Ahimsa et de l'éthique environnementale jaïne, offrant un guide pratique pour vivre de manière plus durable et compatissante. Certaines des pratiques écologiques jaïnes les plus pertinentes incluent :

Le végétarisme strict et le véganisme : Comme nous l'avons exploré au chapitre 15, l'alimentation jaïne, centrée sur le végétarisme et, idéalement, sur le véganisme, est une expression fondamentale de l'Ahimsa dans l'alimentation. En évitant la consommation de viande et d'autres produits d'origine animale, le jaïn réduit sa participation à la violence inhérente à la production animale, qui contribue de manière significative à la déforestation, aux émissions de gaz à effet de serre, à la pollution de l'eau et à l'exploitation animale à grande échelle. Le végétarisme jaïn est donc une pratique écologique essentielle, qui minimise l'impact environnemental de l'alimentation et favorise une relation plus compatissante avec les animaux.

La consommation consciente et minimaliste : Le principe jaïn de l'Aparigraha (non-possessivité) se traduit par des pratiques de consommation consciente et minimaliste. Le jaïn est encouragé à réduire la consommation excessive, à éviter le gaspillage, à opter pour des produits durables, réutilisables et d'origine éthique et durable. Le consumérisme effréné, motivé par la cupidité et l'attachement aux biens matériels, est considéré comme une source de violence contre la nature et de déséquilibre social. La consommation consciente jaïne recherche la simplicité, la modération et le contentement, alignant le style de vie sur les principes de l'Ahimsa et de la durabilité.

La réduction et la gestion des déchets : La préoccupation pour la non-violence s'étend à la gestion des déchets dans le jaïnisme. Les pratiquants sont encouragés à réduire la production de déchets, à recycler, à composter et à éliminer les déchets de manière responsable, en minimisant l'impact environnemental de la pollution et de la contamination. Le principe de l'Ahimsa, dans ce contexte, implique d'éviter la violence contre l'environnement par la pollution et la dégradation des écosystèmes, et de rechercher des solutions durables pour la gestion des déchets.

L'utilisation consciente des ressources naturelles : Le jaïnisme met l'accent sur l'utilisation consciente et responsable des ressources naturelles, telles que l'eau, l'énergie, la terre et les minéraux. Les pratiquants sont encouragés à économiser l'eau et l'énergie, à utiliser des sources d'énergie renouvelables, à protéger le sol et à éviter le gaspillage des ressources naturelles. Le principe de l'Ahimsa, dans ce contexte, implique d'éviter l'exploitation prédatrice des ressources naturelles et de rechercher des modes de vie qui soient durables à long terme, en respectant les limites de la planète et les besoins des générations futures.

La promotion de la biodiversité et de la conservation de la nature : Le jaïnisme valorise la biodiversité et la beauté de la nature, reconnaissant l'importance de protéger les habitats naturels, les espèces menacées et les écosystèmes fragiles. Les pratiquants sont encouragés à soutenir les initiatives de conservation de la nature, à participer à des projets de reboisement, à protéger les animaux sauvages et à promouvoir l'éducation environnementale. Le principe de l'Ahimsa, dans ce contexte, implique de défendre les droits de la nature, de reconnaître la valeur intrinsèque de toutes les formes de vie et de rechercher une relation harmonieuse avec le monde naturel.

Le jaïnisme et la recherche d'un avenir durable et harmonieux pour la planète reflètent une vision du monde intégrée et globale, qui reconnaît l'interconnexion de tous les êtres vivants et la nécessité de construire une société plus juste, pacifique et durable. L'éthique environnementale jaïne offre un guide précieux pour l'action dans le contexte de la crise écologique mondiale, proposant un chemin de transformation personnelle et sociale basé sur les principes de l'Ahimsa, de la compassion, de la non-possessivité et de la sagesse.

Le jaïnisme nous invite à repenser nos valeurs, nos habitudes et notre style de vie, à abandonner le consumérisme effréné, la cupidité et l'exploitation prédatrice, et à adopter une perspective plus compatissante, responsable et durable envers la planète et tous ses habitants. La recherche d'un avenir durable, dans la perspective jaïne, n'est pas seulement une question de technologie ou de politique, mais plutôt une transformation éthique et spirituelle profonde, qui exige un changement de conscience, une expansion de la compassion et un engagement sincère envers la non-violence sous toutes ses formes.

En conclusion, le jaïnisme et l'environnementalisme se rejoignent dans le principe de l'Ahimsa, une éthique de la non-violence qui s'étend à toute la vie et à la planète. L'éthique environnementale jaïne propose la protection de toutes les formes de vie, le rejet de l'exploitation prédatrice de la nature et l'adoption de pratiques écologiques telles que le végétarisme, la consommation consciente, la réduction des déchets et l'utilisation responsable des ressources naturelles. Le jaïnisme offre une vision inspirante pour la recherche d'un avenir durable et harmonieux, basé sur la compassion, la responsabilité et l'interconnexion de toute vie. Dans un monde qui réclame des solutions à la crise environnementale, la sagesse écologique jaïne offre un chemin précieux et pertinent, nous invitant à agir avec Ahimsa pour notre propre bénéfice, celui des autres êtres vivants et de la planète dans son ensemble. Dans le prochain chapitre, nous explorerons le rôle du jaïnisme dans la construction de la paix, en dévoilant comment les principes jaïns peuvent être appliqués à la résolution des conflits et à la promotion de l'harmonie sociale.

Chapitre 22
La Construction de la Paix

Dans un monde fréquemment ravagé par les conflits, la violence et les divisions, le message de paix du jaïnisme résonne avec une urgence et une pertinence singulières. La tradition jaïne, centrée sur le principe suprême de l'Ahimsa (non-violence), ne se contente pas de condamner la violence sous toutes ses formes, mais propose également une voie pratique et transformatrice pour la construction de la paix, tant au niveau individuel que collectif. Explorer le jaïnisme et la construction de la paix, c'est dévoiler le potentiel révolutionnaire de l'Ahimsa en tant qu'outil puissant de résolution des conflits, en comprenant comment ses principes peuvent être appliqués pour promouvoir l'harmonie, la justice et la coexistence pacifique dans un monde fragmenté.

L'Ahimsa en tant qu'outil de résolution des conflits interpersonnels, sociaux et internationaux représente le cœur de l'approche jaïne de la paix. Loin d'être une simple abstention passive de la violence, l'Ahimsa jaïne est une force active et dynamique, un principe éthique qui peut être appliqué de manière constructive pour transformer les situations de conflit, restaurer les relations et construire des ponts de compréhension et de coopération. L'Ahimsa, dans ce contexte, n'est pas seulement l'absence de violence physique, mais aussi l'absence de violence verbale, mentale et émotionnelle, cherchant à éradiquer les racines du conflit à tous les niveaux de l'expérience humaine.

Au niveau interpersonnel, l'application de l'Ahimsa dans la résolution des conflits implique de répondre à la colère par le calme, à la haine par l'amour, à la violence par la non-violence. Dans les situations de désaccord ou de confrontation, le jaïn est encouragé à pratiquer l'écoute attentive, la communication compatissante et la recherche de solutions pacifiques qui respectent les droits et les besoins de toutes les parties concernées. Éviter les paroles dures, les jugements hâtifs et les réactions impulsives est essentiel pour désamorcer le conflit et créer un espace pour le dialogue constructif et la réconciliation.

Au niveau social et communautaire, l'Ahimsa peut être appliquée pour résoudre les tensions, promouvoir la justice sociale et construire des communautés pacifiques et inclusives. Le jaïnisme encourage le dialogue intergroupe, la promotion de l'égalité et de l'équité, la défense des droits de l'homme et la lutte contre la discrimination et l'injustice par des moyens non violents. L'action sociale inspirée par l'Ahimsa cherche à transformer les structures sociales qui génèrent la violence et l'inégalité, en construisant une société plus juste, compatissante et harmonieuse pour tous ses membres.

Au niveau international, l'application de l'Ahimsa dans la résolution des conflits implique de rechercher des solutions diplomatiques, de promouvoir le dialogue interculturel et de défendre la paix par des moyens non violents. Le jaïnisme rejette la guerre comme un moyen légitime de résoudre les différends, défendant la négociation, la médiation, la coopération internationale et la construction de ponts entre les nations comme des chemins vers la paix durable. La vision jaïne d'un monde pacifique est basée sur le principe que la violence engendre la violence, et que seule la non-violence peut briser le cycle du conflit et de la souffrance.

L'importance du dialogue, de la compréhension mutuelle et de l'empathie dans l'approche jaïne des conflits réside dans la conviction que la majorité des conflits proviennent du manque de communication, de l'incompréhension, de l'intolérance et du manque de compassion. Le jaïnisme met l'accent sur la nécessité de cultiver l'empathie, de se mettre à la place de l'autre, de comprendre ses perspectives, ses besoins et ses souffrances, comme une étape fondamentale vers la résolution pacifique des conflits. Le principe de l'Anekantavada (relativisme), qui reconnaît la multiplicité des perspectives et la relativité de la vérité, est essentiel pour le dialogue interreligieux et interculturel, encourageant la tolérance, l'humilité intellectuelle et l'ouverture à l'écoute et à l'apprentissage des autres.

Le dialogue jaïn cherche à créer un espace sûr et respectueux pour une communication ouverte et honnête, où toutes les parties concernées peuvent exprimer leurs opinions, leurs sentiments et leurs besoins, sans crainte de jugement ou de violence. L'objectif du dialogue n'est pas nécessairement d'arriver à un consensus complet, mais plutôt de promouvoir la compréhension mutuelle, d'identifier les points d'accord et de désaccord, et de trouver des solutions créatives et pacifiques qui soient acceptables pour tous les participants. L'empathie, dans le contexte jaïn, n'est pas seulement un sentiment passif de sympathie, mais une capacité active à se connecter à l'expérience de l'autre, à ressentir sa douleur et sa souffrance comme si elles étaient les siennes. L'empathie motive l'action compatissante, la recherche de la justice et la résolution non violente des conflits, visant à soulager la souffrance et à promouvoir le bien-être de tous les êtres.

Il existe des exemples d'application des principes jaïns dans la construction de la paix et la promotion de l'harmonie sociale, tant historiques que contemporains, qui illustrent le potentiel transformateur de l'Ahimsa dans la résolution des conflits. Bien que le jaïnisme soit une tradition minoritaire dans de nombreux contextes, ses principes éthiques et son approche non violente ont inspiré des mouvements pacifistes, des initiatives de justice sociale et des efforts de construction de la paix dans diverses parties du monde.

Historiquement, l'influence du jaïnisme sur le mouvement d'indépendance de l'Inde dirigé par Mahatma Gandhi est un exemple notable d'application des principes jaïns dans la résolution d'un conflit social et politique de grande envergure. Gandhi, profondément influencé par la philosophie jaïne, a adopté la Satyagraha (force de la vérité), une forme de résistance non violente basée sur les principes de l'Ahimsa, de la vérité et de l'autosuffisance, comme principale stratégie pour lutter contre la domination coloniale britannique et obtenir l'indépendance de l'Inde. La Satyagraha de Gandhi, inspirée de l'Ahimsa jaïne, a démontré le pouvoir de la non-violence en tant que force transformatrice pour le changement social et politique, influençant les mouvements de droits civiques et de paix dans le monde entier.

Aujourd'hui, des organisations et des individus jaïns continuent de travailler activement à la promotion de la paix, de la non-violence et de la justice sociale dans divers domaines, de la résolution des conflits communautaires à la défense des droits de l'homme et à la protection de l'environnement. Des initiatives jaïnes de dialogue interreligieux et interculturel cherchent à construire des ponts de compréhension et de coopération entre différentes communautés religieuses et culturelles, promouvant la tolérance, le respect mutuel et la coexistence pacifique. Des projets d'éducation à la paix et à la non-violence sont développés dans les écoles et les communautés jaïnes, visant à former les nouvelles générations aux valeurs de la compassion, de l'empathie et de la résolution pacifique des conflits. Des campagnes de sensibilisation à la violence et à l'injustice sociale, inspirées par l'Ahimsa, cherchent à mobiliser l'opinion publique et à faire pression pour des changements sociaux et politiques qui promeuvent la paix, la justice et l'égalité.

Le jaïnisme, en tant que voie vers la paix intérieure et la paix mondiale, offre une vision holistique et intégrée de la paix, qui commence par la transformation individuelle et s'étend à la transformation sociale et globale. La paix, dans la perspective jaïne, n'est pas seulement l'absence de conflit extérieur, mais un état d'harmonie intérieure, d'équilibre mental et émotionnel, qui naît de la pratique de l'autodiscipline, de la méditation et de la purification karmique. La paix intérieure, cultivée par la pratique spirituelle jaïne, rayonne vers le monde extérieur, influençant positivement les relations interpersonnelles, les communautés et la société en général.

Le jaïnisme nous enseigne que la paix mondiale commence par la paix intérieure de chaque individu. En transformant nos propres cœurs et esprits, en cultivant la compassion, l'empathie et la non-violence dans notre vie quotidienne, nous pouvons contribuer à la création d'un monde plus pacifique et harmonieux. La pratique de l'Ahimsa n'est donc pas seulement une éthique personnelle, mais aussi une stratégie de transformation sociale, un chemin vers la construction d'un avenir de paix et de justice pour toute l'humanité. L'appel du jaïnisme à la non-violence et à la construction de la paix résonne avec urgence et espoir dans le monde contemporain, offrant un phare de lumière et un guide pour l'action en temps de conflit et d'incertitude.

En conclusion, le jaïnisme offre une approche profonde et complète de la construction de la paix, centrée sur le principe de l'Ahimsa comme outil de résolution des conflits à tous les niveaux. L'importance du dialogue, de la compréhension mutuelle et de l'empathie est soulignée comme des moyens essentiels pour surmonter la violence. Des exemples historiques et contemporains démontrent l'applicabilité des principes jaïns dans la promotion de l'harmonie sociale et de la paix mondiale. Le jaïnisme, en fin de compte, propose un chemin de transformation personnelle et sociale, où la recherche de la paix intérieure devient indissociable de la recherche de la paix dans le monde, nous invitant à agir avec Ahimsa comme agents de changement positif et bâtisseurs d'un avenir plus pacifique et compatissant pour tous les êtres. Dans le prochain chapitre, nous explorerons le jaïnisme et le dialogue interreligieux, dévoilant la perspective jaïne sur les autres religions et sa contribution à la compréhension de la diversité religieuse.

Chapitre 23
Dialogue Interreligieux

Dans un monde globalisé et pluriel, où différentes traditions religieuses coexistent et interagissent de plus en plus, le dialogue interreligieux apparaît comme une nécessité impérieuse pour la construction de la paix, de la compréhension mutuelle et de la coopération mondiale. Le jaïnisme, avec sa philosophie inclusive et tolérante, offre une perspective singulièrement précieuse pour ce dialogue, fondée sur le principe de l'Anekantavada (relativisme) et sur une éthique profonde de respect et de non-violence envers toutes les croyances et tous les points de vue. Explorer le jaïnisme et le dialogue interreligieux, c'est dévoiler l'approche jaïne de la diversité religieuse, en comprenant comment ses principes peuvent contribuer à surmonter le fanatisme, l'intolérance et le conflit religieux, en promouvant un esprit de collaboration et de recherche de valeurs universelles entre les différentes traditions de foi.

L'Anekantavada comme base du dialogue interreligieux et de la compréhension de la diversité religieuse est le fondement de la perspective jaïne sur les autres religions. L'Anekantavada, la doctrine de la multiplicité des perspectives et de la relativité de la vérité, enseigne que la réalité est complexe et multiforme, et qu'aucune perspective unique ne peut la saisir dans sa totalité. Appliqué au domaine religieux, l'Anekantavada implique qu'aucune religion ne possède le monopole de la vérité absolue, et que chaque tradition religieuse représente une perspective valable et précieuse sur la nature de la réalité ultime, le chemin spirituel et le but de la vie.

Cette vision pluraliste et inclusive contraste avec les approches religieuses exclusivistes qui affirment la supériorité ou l'unicité de leur propre foi, conduisant souvent à l'intolérance, au prosélytisme et au conflit interreligieux. L'Anekantavada jaïn, en reconnaissant la validité et l'importance de toutes les perspectives religieuses, promeut un esprit d'humilité intellectuelle, de tolérance et de respect envers les autres traditions de foi. Le dialogue interreligieux, dans la perspective jaïne, n'est pas vu comme une compétition pour convertir ou réfuter d'autres religions, mais plutôt comme une opportunité d'apprendre les uns des autres, d'enrichir sa propre compréhension spirituelle et de travailler ensemble à la recherche de valeurs universelles et de solutions aux défis de l'humanité.

Le respect et la tolérance jaïns envers les autres traditions religieuses sont des caractéristiques distinctives de la posture jaïne dans le dialogue interreligieux. Le jaïnisme, tout au long de son histoire, a démontré une remarquable capacité à coexister pacifiquement avec d'autres religions en Inde et dans d'autres parties du monde, en évitant le prosélytisme agressif et le conflit religieux. Ce respect et cette tolérance découlent directement du principe de l'Anekantavada, qui encourage les jaïns à voir la vérité dans toutes les perspectives, même dans celles qui diffèrent de leurs propres croyances.

Le jaïnisme ne considère pas les autres religions comme fausses ou inférieures, mais plutôt comme différents chemins qui peuvent mener à la réalisation spirituelle et à la recherche du bien. Reconnaissant que différentes personnes ont des besoins, des tempéraments et des contextes culturels différents, le jaïnisme accepte que différentes religions puissent offrir des chemins valables et adaptés à différents individus. Ce respect de la diversité religieuse n'implique pas un relativisme moral ou une indifférence à la vérité, mais plutôt une reconnaissance de la complexité de la quête spirituelle humaine et de la légitimité de différentes approches pour un même but ultime.

Il existe des points de convergence et de dialogue entre le jaïnisme et d'autres religions, comme le bouddhisme, l'hindouisme, le christianisme, l'islam et d'autres traditions de foi, qui peuvent être explorés pour promouvoir la compréhension mutuelle et la coopération interreligieuse. Bien que chaque religion possède ses propres doctrines, rituels et pratiques spécifiques, il existe des valeurs et des principes éthiques universels qui sont partagés par de nombreuses traditions religieuses, offrant un terrain d'entente pour le dialogue et la collaboration.

Avec le bouddhisme, le jaïnisme partage une origine historique et culturelle commune dans l'Inde ancienne, et une série de principes et de pratiques similaires, comme l'accent mis sur la non-violence, l'ascétisme, la méditation et la recherche de la libération de la souffrance. Le dialogue jaïno-bouddhiste peut explorer les nuances et les différences dans leurs doctrines, comme le concept d'âme (Jiva dans le jaïnisme et Anatta dans le bouddhisme), la pratique ascétique (plus radicale dans le jaïnisme et la Voie du Milieu dans le bouddhisme) et l'épistémologie (Anekantavada dans le jaïnisme et l'accent mis sur la vacuité dans le bouddhisme), en enrichissant la compréhension mutuelle et en identifiant des domaines de convergence éthique et spirituelle.

Avec l'hindouisme, le jaïnisme partage un vaste terrain culturel et historique commun, et une série de concepts et de pratiques partagés, comme la croyance au Karma, à la réincarnation, au Dharma et à la recherche de la libération (Moksha). Le dialogue jaïno-hindou peut explorer les différences dans leurs visions de la divinité, du système de castes, des rituels et des pratiques ascétiques, en cherchant à identifier des valeurs éthiques et spirituelles communes et des domaines de collaboration sociale et environnementale.

Avec le christianisme et l'islam, le dialogue jaïn peut explorer les points de convergence éthique et spirituelle, comme l'importance de la compassion, de la justice, de la paix, de l'amour du prochain et de la recherche d'une relation avec le transcendant. Bien que les doctrines théologiques et cosmologiques diffèrent considérablement, le dialogue peut se concentrer sur les valeurs éthiques partagées, l'importance de l'action sociale en faveur de la justice et de la paix, et la recherche d'un terrain d'entente pour la collaboration sur des questions d'intérêt mondial, comme la pauvreté, l'inégalité, la violence et la crise environnementale.

La recherche de valeurs universelles et de principes éthiques communs entre les différentes religions est un objectif important du dialogue interreligieux dans la perspective jaïne. Malgré la diversité des doctrines, des rituels et des pratiques religieuses, de nombreuses traditions de foi partagent des valeurs éthiques fondamentales, comme la compassion, la justice, l'honnêteté, la paix, la générosité, le respect et la responsabilité. Ces valeurs universelles peuvent servir de base à la coopération interreligieuse dans des domaines tels que la promotion de la paix, la défense des droits de l'homme, la lutte contre la pauvreté et l'inégalité, la protection de l'environnement et la construction d'un monde plus juste et plus compatissant.

Le dialogue interreligieux, dans la perspective jaïne, ne vise pas à homogénéiser ou à diluer les différences entre les religions, mais plutôt à reconnaître et à valoriser la diversité religieuse comme une richesse pour l'humanité. La recherche de valeurs universelles n'implique pas de nier ou de minimiser les particularités de chaque tradition religieuse, mais plutôt d'identifier le terrain d'entente qui peut unir les différentes religions dans la recherche d'un bien plus grand. Le jaïnisme, avec sa philosophie inclusive et tolérante, offre une contribution précieuse à ce dialogue, en invitant les différentes religions à travailler ensemble à la construction d'un monde plus pacifique, juste et harmonieux pour tous les êtres.

En conclusion, le jaïnisme et le dialogue interreligieux se rejoignent dans le principe de l'Anekantavada, une philosophie qui promeut la tolérance, le respect et la compréhension de la diversité religieuse. Le jaïnisme fait preuve d'un profond respect et d'une grande tolérance envers les autres traditions de foi, cherchant des points de convergence et de dialogue avec le bouddhisme, l'hindouisme, le christianisme, l'islam et d'autres religions. La recherche de valeurs universelles et de principes éthiques communs entre les différentes religions est considérée comme un chemin vers la coopération interreligieuse et la construction d'un monde plus pacifique et plus juste. Le jaïnisme, avec sa perspective inclusive et dialogique, offre une précieuse contribution au paysage interreligieux contemporain, invitant les différentes religions à travailler ensemble à la recherche d'un avenir de paix, d'harmonie et de compréhension mutuelle pour toute l'humanité. Dans le prochain chapitre, nous explorerons la présence du jaïnisme dans la diaspora, en dévoilant la formation de communautés jaïnes en dehors de l'Inde et leurs défis et adaptations dans le monde moderne.

Chapitre 24
Le Jaïnisme dans la Diaspora

Au seuil du XXIe siècle, le jaïnisme, une tradition religieuse et philosophique millénaire profondément enracinée en Inde, a étendu ses frontières géographiques et culturelles, établissant des communautés dynamiques et florissantes dans la diaspora, aux quatre coins du monde. Cette diaspora jaïne, propulsée par les mouvements migratoires et la recherche d'opportunités dans différentes nations, représente un chapitre nouveau et dynamique dans l'histoire du jaïnisme, apportant avec elle des défis et des adaptations, mais aussi des opportunités uniques pour la diffusion mondiale des enseignements jaïns et l'enrichissement de la tapisserie multiculturelle du monde contemporain. Explorer le jaïnisme dans la diaspora, c'est découvrir le voyage d'une foi ancestrale en terres étrangères, comprendre comment la communauté jaïne se réinvente et se renforce dans de nouveaux contextes culturels, en maintenant son identité et en contribuant à la construction d'un monde plus diversifié et interconnecté.

L'expansion du jaïnisme hors de l'Inde aux XXe et XXIe siècles marque un tournant dans l'histoire de la tradition jaïne. Pendant des siècles, le jaïnisme est resté principalement confiné au sous-continent indien, avec des communautés concentrées principalement en Inde et, dans une moindre mesure, dans certains pays voisins. Cependant, à partir du XXe siècle, et particulièrement au cours des dernières décennies, le jaïnisme a connu un mouvement croissant de diaspora, avec des jaïns migrant vers différentes parties du monde à la recherche de meilleures opportunités économiques, éducatives et professionnelles.

Les facteurs qui ont impulsé la diaspora jaïne sont multiples et complexes, reflétant les tendances mondiales de migration et les dynamiques socio-économiques du monde contemporain. La mondialisation, l'augmentation de la mobilité internationale, la recherche de meilleures conditions de vie et la diaspora d'autres communautés indiennes ont été parmi les principaux catalyseurs de l'expansion du jaïnisme au-delà des frontières de l'Inde. La diaspora jaïne, bien qu'elle représente un défi en termes de maintien de l'identité culturelle et religieuse, offre également des opportunités sans précédent pour la diffusion mondiale des enseignements jaïns, l'interaction avec différentes cultures et la construction de ponts entre l'Orient et l'Occident.

La formation de communautés jaïnes en Amérique du Nord, en Europe, en Afrique, en Asie et en Océanie témoigne de la portée mondiale de la diaspora jaïne. En Amérique du Nord, les États-Unis et le Canada abritent les plus grandes communautés jaïnes de la diaspora, avec des centres jaïns, des temples et des organisations communautaires établis dans diverses villes, telles que New York, Chicago, Los Angeles,

Toronto et Vancouver. En Europe, le Royaume-Uni, la Belgique, l'Allemagne et la France sont quelques-uns des pays où la présence jaïne est la plus significative, avec des communautés dans des villes comme Londres, Leicester, Anvers et Paris. En Afrique, des communautés jaïnes se trouvent principalement au Kenya, en Afrique du Sud et en Ouganda, reflet de la migration historique des Indiens vers le continent africain. En Asie, au-delà de l'Inde, des communautés jaïnes sont présentes dans des pays comme Singapour, la Malaisie, la Thaïlande et le Japon, souvent composées d'immigrants indiens et de leurs descendants. En Océanie, l'Australie et la Nouvelle-Zélande ont également vu la formation de communautés jaïnes, principalement dans les grandes villes.

Ces communautés jaïnes de la diaspora, bien qu'elles partagent la même foi et les mêmes valeurs fondamentales, reflètent une diversité interne en termes d'origine régionale, de secte jaïne (Digambara ou Svetambara), de langue, de pratiques culturelles et de degrés d'adaptation au contexte local. La diaspora jaïne n'est pas un bloc monolithique, mais plutôt une mosaïque de communautés avec leurs propres nuances et dynamiques.

Les défis et les adaptations du jaïnisme dans la diaspora sont complexes et multiformes, exigeant des efforts continus pour maintenir l'identité culturelle et religieuse, transmettre les valeurs aux nouvelles générations et adapter les pratiques jaïnes aux nouveaux contextes culturels. L'un des principaux défis est le maintien de l'identité culturelle et religieuse dans un environnement culturel et religieux différent de celui de l'Inde. La diaspora jaïne est confrontée à la pression de l'assimilation culturelle, à la difficulté de maintenir les traditions jaïnes dans un contexte sécularisé et à la nécessité de transmettre la foi et la culture jaïnes aux nouvelles générations, qui grandissent souvent dans un environnement majoritairement non jaïn.

Pour relever ce défi, les communautés jaïnes de la diaspora se sont efforcées de créer des centres communautaires, des temples et des organisations religieuses qui servent de points de rencontre, d'espaces de culte, de centres d'éducation religieuse et de lieux de préservation culturelle. La transmission des valeurs aux nouvelles générations est une priorité, avec des programmes d'éducation religieuse pour les enfants et les jeunes, des cours de jaïnologie, des retraites spirituelles et des activités culturelles qui visent à renforcer l'identité jaïne et la connexion avec la tradition.

L'adaptation des pratiques jaïnes au contexte de la diaspora est un autre défi important. Certaines pratiques jaïnes, comme les rituels des temples, les jeûnes rigoureux et les restrictions alimentaires spécifiques, peuvent être difficiles à maintenir intégralement dans un environnement culturel et social différent de celui de l'Inde. Les communautés jaïnes de la diaspora ont cherché à adapter les pratiques jaïnes de manière créative et flexible, en conservant l'essence des principes jaïns, mais en ajustant les formes de pratique pour les rendre plus accessibles et pertinentes dans le contexte de la vie dans la diaspora. Par exemple, les rituels des temples peuvent être simplifiés, les jeûnes peuvent être adaptés aux conditions de santé et au mode de vie occidental, et les restrictions alimentaires peuvent être interprétées de manière plus flexible, tout en maintenant l'engagement envers l'Ahimsa et le végétarisme.

La contribution de la diaspora jaïne à la diffusion mondiale des enseignements jaïns est notable et croissante. Les communautés jaïnes de la diaspora agissent comme des ponts culturels et spirituels entre le jaïnisme et le monde occidental, promouvant le dialogue interreligieux, la compréhension interculturelle et la diffusion des valeurs jaïnes de paix, de non-violence, de tolérance et de respect de toute vie. Les centres jaïns de la diaspora proposent des conférences, des ateliers, des cours et des publications sur le jaïnisme, attirant des personnes de différentes origines culturelles et religieuses intéressées par l'apprentissage de la philosophie et de l'éthique jaïnes.

La diaspora jaïne a utilisé les nouvelles technologies de communication et d'information, telles qu'Internet, les réseaux sociaux et les plateformes en ligne, pour diffuser les enseignements jaïns à l'échelle mondiale, atteindre un public plus large et promouvoir le dialogue interreligieux et interculturel à l'échelle mondiale. Les organisations jaïnes de la diaspora ont traduit des écritures jaïnes, produit du matériel pédagogique en plusieurs langues, organisé des événements et des conférences internationales, et créé des réseaux de communication en ligne qui connectent les jaïns et les personnes intéressées par le jaïnisme dans le monde entier.

La diaspora jaïne, par conséquent, n'est pas seulement un phénomène migratoire, mais aussi un agent de transformation et de diffusion du jaïnisme, contribuant à l'expansion de l'influence de la tradition jaïne dans le monde contemporain. Grâce à ses efforts pour maintenir l'identité culturelle et religieuse, adapter les pratiques jaïnes et diffuser les enseignements jaïns à l'échelle mondiale, la diaspora jaïne joue un rôle crucial dans la vitalité et la pérennité de la tradition jaïne au XXIe siècle, garantissant que la sagesse ancestrale du jaïnisme continue d'inspirer et de guider les gens dans différentes parties du monde dans leur quête d'une vie éthique, pacifique et significative.

En conclusion, le jaïnisme dans la diaspora représente un chapitre dynamique et multiforme de l'histoire de la tradition jaïne. L'expansion du jaïnisme hors de l'Inde aux XXe et XXIe siècles a abouti à la formation de communautés jaïnes dynamiques sur différents continents, confrontées à des défis d'adaptation et de maintien de l'identité, mais profitant également des opportunités de diffuser les enseignements jaïns à l'échelle mondiale. La diaspora jaïne, avec ses centres communautaires, ses temples, ses programmes éducatifs et ses initiatives en ligne, contribue de manière significative à la vitalité et à la pertinence du jaïnisme dans le monde moderne, agissant comme un pont culturel et spirituel et promouvant les valeurs jaïnes de paix, de non-violence et d'harmonie universelle. Dans le prochain chapitre, nous explorerons les défis et les questions contemporaines du jaïnisme, en dévoilant les adaptations modernes et les préoccupations auxquelles la tradition jaïne est confrontée au XXIe siècle.

Chapitre 25
Défis Contemporains

Au seuil du XXIe siècle, le jaïnisme, comme beaucoup d'autres traditions religieuses, navigue sur une mer de défis et de questions contemporaines, inhérents à la complexité et aux transformations rapides du monde moderne. Face aux vagues du sécularisme, du matérialisme, de la mondialisation et de la modernité, le jaïnisme cherche des adaptations créatives et pertinentes pour maintenir sa vitalité, préserver ses valeurs essentielles et répondre aux préoccupations et interrogations de ses pratiquants et de la société en général. Explorer les défis et les questions contemporaines dans le jaïnisme, c'est plonger dans les complexités de la tradition jaïne dans le monde moderne, en comprenant les tensions entre la tradition et la modernité, les débats internes et externes, et les efforts pour réimaginer et revitaliser le jaïnisme pour le XXIe siècle.

Les défis internes et externes auxquels le jaïnisme est confronté dans le monde moderne sont divers et interconnectés, reflétant les tendances culturelles, sociales et intellectuelles de notre époque. Parmi les défis externes, le jaïnisme, comme d'autres religions, est confronté au sécularisme croissant dans de nombreuses parties du monde, où l'influence de la religion dans la vie publique et privée diminue, et où des valeurs séculières telles que le rationalisme, l'individualisme et le matérialisme gagnent en importance. Le matérialisme, avec son accent sur les biens matériels, la consommation et le succès mondain, remet en question les valeurs jaïnes de simplicité, de non-possessivité (Aparigraha) et de recherche de valeurs spirituelles. La mondialisation, bien qu'elle offre des opportunités pour la diffusion du jaïnisme dans la diaspora, expose également la tradition jaïne à des influences culturelles diverses et parfois difficiles, remettant en question les formes traditionnelles de pratique et d'identité jaïnes.

Parmi les défis internes, le jaïnisme, en tant que tradition vivante, est confronté à des débats et des tensions internes sur l'interprétation et l'application des principes jaïns dans le monde moderne. Les questions liées au genre, au système de castes (bien que le jaïnisme rejette formellement le système de castes, des vestiges de hiérarchies sociales peuvent persister dans certaines communautés jaïnes), à la justice sociale et aux droits de l'homme font l'objet de réflexions et de débats au sein de la communauté jaïne, cherchant à adapter les valeurs jaïnes aux défis éthiques et sociaux du XXIe siècle.

Les questions contemporaines dans le jaïnisme reflètent les préoccupations et les dilemmes éthiques et sociaux auxquels la tradition jaïne est confrontée dans le monde moderne. La question du genre, par exemple, est un sujet de débat dans de nombreuses religions, y compris le jaïnisme. Bien que le jaïnisme historique ait accordé un rôle important aux femmes dans la pratique religieuse et le monachisme, certaines traditions jaïnes, en particulier au sein de la secte Digambara, maintiennent des visions plus restrictives sur le rôle des femmes dans la vie monastique et spirituelle. Les débats contemporains au sein du jaïnisme s'interrogent sur la nécessité d'une plus grande égalité des genres dans toutes les sphères de la vie jaïne, y compris l'accès au monachisme, au leadership religieux et à la participation aux rituels et pratiques.

La question de la justice sociale et de l'engagement social du jaïnisme dans le monde moderne est également un thème pertinent. Bien que le jaïnisme mette l'accent sur la compassion, la non-violence et la charité (Dana), certains critiques soutiennent que la tradition jaïne s'est trop concentrée sur la libération individuelle et l'ascétisme monastique, négligeant l'engagement actif dans la recherche de la justice sociale et la résolution de problèmes sociaux tels que la pauvreté, l'inégalité et l'oppression. Les débats contemporains au sein du jaïnisme explorent les implications de l'Ahimsa pour l'action sociale et politique, cherchant des moyens d'appliquer les principes jaïns à la promotion de la justice sociale, de l'égalité et de la défense des droits de l'homme, sans compromettre le principe de non-violence.

Les adaptations modernes et les innovations dans la pratique et l'interprétation du jaïnisme démontrent la capacité de la tradition jaïne à se réinventer et à rester pertinente dans le monde moderne. Face aux défis du sécularisme et du matérialisme, les communautés jaïnes ont cherché de nouvelles façons de présenter et de vivre le Dharma jaïn, en adaptant les pratiques traditionnelles et en incorporant des éléments de la culture moderne pour rendre le jaïnisme plus accessible et attrayant pour les nouvelles générations.

Dans le domaine de la pratique, on observe une tendance à la simplification et à l'adaptation des rituels et des pratiques ascétiques, cherchant à les rendre plus pratiques et pertinents pour les laïcs qui vivent dans le monde séculier. La pratique de la méditation (Samayika), le végétarisme et la charité (Dana) continuent d'être mis en avant comme des pratiques centrales pour les laïcs jaïns, adaptées aux modes de vie modernes et intégrant des éléments de la spiritualité contemporaine, tels que la pleine conscience (Mindfulness) et la compassion. L'éducation jaïne s'est également adaptée, utilisant les nouvelles technologies et les plateformes en ligne pour diffuser les enseignements jaïns, atteindre un public plus large et créer des réseaux de communication et d'apprentissage en ligne pour les jaïns du monde entier.

Dans le domaine de l'interprétation, on observe une tendance à la réinterprétation des principes jaïns à la lumière des défis et des valeurs du monde moderne. Le principe de l'Ahimsa, par exemple, a été réinterprété et étendu pour englober des questions contemporaines telles que l'éthique environnementale, les droits des animaux, la justice sociale et la construction de la paix. Le principe de l'Anekantavada est utilisé pour promouvoir le dialogue interreligieux et interculturel, la tolérance et la compréhension de la diversité dans le monde pluriel et globalisé. La philosophie jaïne est explorée en dialogue avec la pensée scientifique moderne, cherchant à identifier des points de convergence et des éclairages mutuels, et démontrant la pertinence de la sagesse jaïne pour les défis du XXIe siècle.

Le débat sur la pertinence et l'applicabilité des principes jaïns au XXIe siècle est un reflet de la vitalité et de la capacité d'autoréflexion de la tradition jaïne. Certains critiques se demandent si les principes jaïns, avec leur accent sur l'ascétisme, le renoncement et la non-violence radicale, sont réellement pertinents et applicables au monde moderne, marqué par la consommation, la compétition et la violence. D'autres soutiennent que les principes jaïns, précisément en raison de leur accent sur la non-violence, la compassion, la simplicité et la recherche de valeurs spirituelles, sont plus pertinents que jamais dans le monde contemporain, offrant un chemin alternatif et inspirant pour la transformation personnelle et sociale, et pour la construction d'un avenir plus pacifique, juste et durable.

La réponse à ce débat réside dans la capacité de la communauté jaïne à continuer d'adapter, de réinterpréter et de vivre les principes jaïns de manière créative et pertinente dans le monde moderne. Le jaïnisme, en tant que tradition vivante, a la capacité d'évoluer et de se transformer, en conservant ses valeurs essentielles, mais aussi en répondant aux défis et aux besoins de chaque époque. La vitalité du jaïnisme au XXIe siècle dépendra de sa capacité à dialoguer avec le monde moderne, à répondre aux questions contemporaines et à continuer d'inspirer les gens dans la recherche d'une vie éthique, significative et en harmonie avec tous les êtres.

En conclusion, les défis et les questions contemporaines dans le jaïnisme reflètent la tension créatrice entre la tradition et la modernité, et la quête continue de la communauté jaïne pour la pertinence et la vitalité au XXIe siècle. Les questions de genre, de justice sociale et d'adaptation des pratiques font l'objet de débats et de réflexions internes. Les adaptations modernes et les innovations dans la pratique et l'interprétation du jaïnisme démontrent la capacité de la tradition à se réinventer. Le débat sur la pertinence et l'applicabilité des principes jaïns dans le monde moderne stimule l'autoréflexion et la recherche d'un jaïnisme vivant et dynamique pour l'avenir. Dans le prochain et dernier chapitre, nous explorerons l'avenir du jaïnisme, en analysant les perspectives et la pertinence de la tradition jaïne au XXIe siècle et son potentiel pour contribuer à un monde plus éthique, pacifique et durable.

Chapitre 26
L'Avenir du Jaïnisme

En contemplant l'avenir du jaïnisme au XXIe siècle, nous sommes invités à réfléchir sur la pertinence durable d'une tradition millénaire dans un monde en constante transformation. Le jaïnisme, avec ses principes éthiques profonds, sa philosophie inclusive et son accent sur la recherche de la paix intérieure et de l'harmonie universelle, possède un potentiel indéniable pour contribuer significativement à un avenir plus éthique, pacifique et durable pour l'humanité et pour la planète. Explorer l'avenir du jaïnisme, c'est contempler les perspectives prometteuses d'une tradition vivante et dynamique, qui, même face aux défis contemporains, continue d'inspirer et de guider les individus dans leur quête d'une vie plus significative, empreinte de compassion et en harmonie avec tous les êtres.

Le potentiel du jaïnisme à contribuer à un monde plus éthique, pacifique et durable réside dans l'essence même de ses principes et valeurs fondamentales. Dans un monde marqué par une complexité éthique croissante, par la persistance des conflits et de la violence, et par l'urgence de la crise environnementale, le jaïnisme offre un guide moral et spirituel d'une pertinence remarquable pour la construction d'un avenir meilleur.

L'éthique jaïna de l'Ahimsa (non-violence), avec sa portée universelle et son extension à toutes les formes de vie, offre un fondement solide pour une éthique globale qui transcende les frontières culturelles, religieuses et nationales. L'Ahimsa, en tant que principe fondamental de l'action et de la conduite, peut inspirer une transformation éthique profonde dans divers domaines de la vie humaine, des relations interpersonnelles et de la vie familiale à la politique, à l'économie et à la science. Dans un monde qui aspire à la paix, à la justice et à la compassion, l'éthique jaïna de l'Ahimsa offre un chemin concret pour la construction d'une société plus humaine et harmonieuse.

La philosophie jaïna de l'Anekantavada (relativisme), avec son accent sur la multiplicité des perspectives et la relativité de la vérité, offre un antidote puissant contre le dogmatisme, le fanatisme et l'intolérance, promouvant le dialogue interreligieux et interculturel, la compréhension mutuelle et la résolution pacifique des conflits. Dans un monde marqué par des divisions idéologiques, religieuses et culturelles, l'Anekantavada jaïna offre une perspective inclusive et tolérante, qui reconnaît la validité de différents points de vue et encourage la recherche d'un terrain d'entente et la collaboration pour le bien commun.

Le mode de vie jaïn, centré sur la simplicité, la non-possessivité (Aparigraha), la consommation consciente, le végétarisme et l'autodiscipline, offre un modèle durable et compatissant pour le XXIe siècle.

Dans un monde confronté à la crise environnementale, à l'épuisement des ressources naturelles et au consumérisme effréné, le mode de vie jaïn propose une alternative éthique et écologique, qui privilégie le bien-être spirituel par rapport à l'accumulation matérielle, l'harmonie avec la nature par rapport à l'exploitation prédatrice, et la modération par rapport à l'excès. Le mode de vie jaïn, par conséquent, peut inspirer une transformation culturelle vers une société plus durable, équitable et axée sur des valeurs plus profondes que la simple consommation matérielle.

La pertinence des principes jaïns pour la résolution des défis globaux contemporains devient de plus en plus évidente dans un monde complexe et interconnecté. Les changements climatiques, la perte de biodiversité, la pollution, les inégalités sociales, la violence, les conflits interreligieux et interculturels sont quelques-uns des défis mondiaux urgents qui nécessitent des solutions innovantes et transformatrices. Les principes jaïns offrent une perspective éthique et philosophique précieuse pour aborder ces défis de manière holistique et intégrée.

L'Ahimsa environnementale jaïna offre un guide pour l'action dans le contexte de la crise climatique et de la perte de biodiversité, encourageant l'adoption de pratiques durables, la protection des écosystèmes et la recherche d'une relation harmonieuse avec la nature. Le principe de non-violence peut être appliqué à la résolution des conflits et à la construction de la paix, promouvant le dialogue, la médiation, la tolérance et la recherche de solutions pacifiques aux différends, tant au niveau interpersonnel qu'international. L'éthique de la justice sociale jaïna, basée sur la compassion, l'équité et le respect de tous les êtres, peut inspirer la lutte contre la pauvreté, les inégalités et l'oppression, et la construction de sociétés plus justes et inclusives.

L'importance de préserver et de promouvoir les enseignements jaïns pour les générations futures réside dans la conviction que la sagesse ancestrale du jaïnisme possède une valeur pérenne et une pertinence continue pour l'humanité. Dans un monde en mutation rapide, où les valeurs traditionnelles sont fréquemment remises en question et où la quête de sens et de but s'intensifie, le jaïnisme offre un chemin spirituel solide et cohérent, basé sur des principes éthiques universels et sur une philosophie profonde et complète.

La préservation et la promotion des enseignements jaïns pour les générations futures exigent des efforts continus et créatifs de la part de la communauté jaïne et de tous ceux qui reconnaissent la valeur de la tradition jaïne. L'éducation jaïne, de l'enfance à l'âge adulte, est fondamentale pour transmettre les valeurs jaïnes, les écritures sacrées, les pratiques spirituelles et la culture jaïne aux nouvelles générations. L'utilisation des nouvelles technologies de communication et d'information peut être exploitée pour diffuser les enseignements jaïns à l'échelle mondiale, atteindre un public plus large et créer des réseaux d'apprentissage et de pratique en ligne. Le dialogue interreligieux et interculturel est essentiel pour présenter le jaïnisme à différentes cultures et pour construire des ponts de compréhension et de coopération avec d'autres traditions religieuses et séculières.

L'avenir du jaïnisme en tant que tradition spirituelle vivante et dynamique dépend de la capacité de la communauté jaïne à s'adapter, à se réinventer et à répondre aux défis et aux opportunités du XXIe siècle, en maintenant l'essence de ses principes et valeurs, mais aussi en incorporant de nouvelles formes d'expression et de pratique qui rendent le jaïnisme pertinent et attrayant pour les nouvelles générations. Le jaïnisme, avec sa longue histoire de résilience, d'adaptation et de renouveau, a le potentiel de continuer à prospérer et à contribuer à la transformation positive du monde, offrant un chemin de paix intérieure, d'harmonie universelle et de recherche de la libération spirituelle à tous ceux qui s'inspirent de ses enseignements.

En conclusion, l'avenir du jaïnisme est prometteur et pertinent au XXIe siècle. Son potentiel pour contribuer à un monde plus éthique, pacifique et durable est indéniable, en particulier dans le contexte des défis mondiaux contemporains. La pertinence des principes jaïns pour la résolution de ces défis est de plus en plus reconnue. L'importance de préserver et de promouvoir les enseignements jaïns pour les générations futures est cruciale pour garantir la continuité de la tradition et sa contribution à un monde meilleur. Le jaïnisme, en tant que tradition spirituelle vivante et dynamique, a un avenir brillant devant lui, nous invitant à réfléchir sur ses valeurs, à pratiquer ses principes et à construire ensemble un avenir de paix, de compassion et d'harmonie pour toute l'humanité et pour la planète.

Dans le prochain et dernier chapitre, nous ferons une analyse comparative entre le jaïnisme et le bouddhisme, explorant les similitudes et les différences entre ces deux traditions spirituelles originaires de l'Inde ancienne.

Chapitre 27
Similarités avec le Bouddhisme

Dans le riche panorama des traditions spirituelles de l'Inde ancienne, le Jaïnisme et le Bouddhisme émergent comme deux courants de pensée distincts, mais aussi interconnectés, partageant des racines historiques, des valeurs éthiques et des objectifs spirituels communs, tout en divergeant sur des doctrines philosophiques, des pratiques ascétiques et des approches de la libération. Une analyse comparative du Jaïnisme et du Bouddhisme révèle un panorama fascinant de similitudes et de différences, enrichissant notre compréhension des deux traditions et illuminant les nuances de la quête spirituelle humaine. Explorer les similitudes et les différences entre le Jaïnisme et le Bouddhisme, c'est entrer dans un dialogue millénaire entre deux des plus importantes traditions spirituelles de l'Inde, dévoilant leurs convergences et leurs divergences, et appréciant la richesse et la complexité de leurs héritages.

Une analyse comparative des origines, des doctrines et des pratiques du Jaïnisme et du Bouddhisme révèle un panorama de convergences et de divergences qui reflètent leurs trajectoires historiques et leurs approches distinctes de la quête spirituelle. Les deux traditions ont émergé dans l'Inde ancienne au VIe siècle avant J.-C., pendant une période d'intense effervescence religieuse et philosophique, connue sous le nom de période Shramana, qui remettait en question les traditions religieuses védiques et cherchait des voies alternatives pour la libération de la souffrance. Mahavira, le dernier Tirthankara du Jaïnisme, et Siddhartha Gautama, le Bouddha, furent tous deux des figures historiques qui ont renoncé à la vie mondaine, pratiqué l'ascétisme et atteint l'illumination, devenant les fondateurs de leurs traditions respectives.

Parmi les points de convergence entre le Jaïnisme et le Bouddhisme, on peut souligner :

L'accent mis sur la non-violence (Ahimsa) : Le Jaïnisme et le Bouddhisme placent tous deux la non-violence (Ahimsa) au cœur de leur éthique et de leur pratique spirituelle. Les deux traditions condamnent la violence sous toutes ses formes et prônent la compassion, la bienveillance et le respect de tous les êtres vivants comme des chemins vers la paix intérieure et l'harmonie universelle.

Ascétisme : Le Jaïnisme et le Bouddhisme valorisent tous deux l'ascétisme comme un moyen de purification karmique, d'autodiscipline et de recherche de la libération. Les deux traditions encouragent le renoncement aux plaisirs sensoriels, le détachement des biens matériels et la pratique d'austérités telles que le jeûne, la méditation et le silence, comme moyens de renforcer l'esprit et le corps.

Rejet du système de castes : Le Jaïnisme et le Bouddhisme, dans leurs origines, ont tous deux rejeté le système de castes hiérarchique de la société védique, prônant l'égalité spirituelle de tous les êtres humains, indépendamment de leur origine sociale ou de leur caste. Les deux traditions ont ouvert leurs portes aux personnes de toutes les castes, y compris celles considérées comme "intouchables" dans la société védique, promouvant une vision plus égalitaire et inclusive de la communauté religieuse.

Quête de la libération (Moksha/Nirvana) : Le Jaïnisme et le Bouddhisme partagent l'objectif final de la libération du cycle de la naissance et de la mort (Samsara) et de la souffrance (Dukha). Bien que les nomenclatures et les descriptions de l'état de libération (Moksha dans le Jaïnisme et Nirvana dans le Bouddhisme) puissent varier, les deux traditions recherchent un état de paix infinie, de béatitude et de liberté des limitations de l'existence conditionnée.

Malgré des similitudes significatives, le Jaïnisme et le Bouddhisme présentent également des divergences significatives dans leurs doctrines philosophiques, leurs pratiques ascétiques et leurs approches de la libération, reflétant leurs trajectoires historiques distinctes et leurs accents particuliers.

Parmi les divergences significatives, on peut souligner :

Concept d'âme (Jiva/Anatta) : L'une des différences doctrinales les plus fondamentales entre le Jaïnisme et le Bouddhisme réside dans le concept d'âme. Le Jaïnisme postule l'existence du Jiva, une âme individuelle, consciente, éternelle et intrinsèquement pure, présente dans tous les êtres vivants. Le

Bouddhisme, quant à lui, adopte la doctrine de l'Anatta (non-âme), niant l'existence d'une âme permanente, immuable et substantielle, soutenant que la personnalité humaine est un flux dynamique de processus physiques et mentaux, sans noyau permanent ou substantiel. Cette différence dans le concept d'âme a des implications significatives pour la cosmologie, l'éthique et la sotériologie des deux traditions.

Ascétisme radical (Jaïnisme) vs. Voie du Milieu (Bouddhisme) : Alors que les deux traditions valorisent l'ascétisme, le Jaïnisme adopte un ascétisme radical, cherchant la purification karmique et la libération par des pratiques extrêmement austères, telles que le jeûne prolongé, la restriction alimentaire rigoureuse, la nudité monastique (dans la tradition Digambara) et la pratique de l'Ahimsa dans sa forme la plus extrême, évitant de blesser toute forme de vie, même les micro-organismes. Le Bouddhisme, quant à lui, adopte la Voie du Milieu, cherchant l'équilibre entre l'ascétisme extrême et l'indulgence sensuelle, prônant un chemin modéré de pratique spirituelle qui évite les extrêmes et favorise le développement harmonieux du corps, de l'esprit et de l'âme.

Anekantavada (Jaïnisme) vs. Accent sur la vacuité (Bouddhisme) : Dans le domaine épistémologique et philosophique, le Jaïnisme a développé la doctrine de l'Anekantavada (relativisme), qui met l'accent sur la multiplicité des perspectives et la relativité de la vérité, soutenant que la réalité est complexe et multiforme, et qu'aucune perspective unique ne peut la saisir complètement. Le Bouddhisme, quant à lui, met l'accent sur la vacuité (Sunyata) de tous les phénomènes, soutenant que tous les phénomènes sont vides d'existence inhérente, substantielle et permanente, et que la compréhension de la vacuité est essentielle pour la libération de la souffrance. Bien que les deux doctrines reconnaissent la complexité et la nature illusoire de la réalité conditionnée, elles diffèrent dans leurs accents et leurs implications pour la pratique spirituelle et la compréhension de la vérité ultime.

L'influence mutuelle et la coexistence historique du Jaïnisme et du Bouddhisme en Inde témoignent de la proximité et de l'interaction entre ces deux traditions au fil des siècles. Bien qu'elles se soient développées comme des traditions distinctes avec leurs propres doctrines et pratiques, le Jaïnisme et le Bouddhisme ont coexisté pacifiquement en Inde pendant de nombreux siècles, s'influençant mutuellement à divers égards. Il existe des preuves de dialogue philosophique et d'échange d'idées entre les penseurs jaïns et bouddhistes, ainsi que d'influence mutuelle sur les pratiques ascétiques, les rituels et les formes d'expression artistique. Malgré leurs divergences doctrinales, le Jaïnisme et le Bouddhisme partagent un terrain éthique et spirituel commun, promouvant la non-violence, la compassion, l'autodiscipline et la recherche de la libération de la souffrance, et contribuant de manière significative à la riche tapisserie spirituelle de l'Inde.

En conclusion, le Jaïnisme et le Bouddhisme, bien que distincts dans leurs doctrines et leurs pratiques, partagent des similitudes importantes dans leurs origines, leurs valeurs éthiques et leurs objectifs spirituels. Les deux traditions mettent l'accent sur la non-violence, l'ascétisme, le rejet du système de castes et la recherche de la libération. Cependant, elles divergent significativement dans leurs concepts d'âme, leurs approches ascétiques et leurs accents philosophiques, le Jaïnisme adoptant un ascétisme plus radical et une épistémologie relativiste (Anekantavada), tandis que le Bouddhisme met l'accent sur la Voie du Milieu et la doctrine de la vacuité (Anatta et Sunyata). Malgré leurs divergences, le Jaïnisme et le Bouddhisme ont coexisté pacifiquement en Inde pendant des siècles, s'influençant mutuellement et contribuant de manière précieuse à l'héritage spirituel de l'humanité. Dans le prochain et avant-dernier chapitre, nous explorerons l'héritage durable du Jaïnisme et son impact sur la pensée indienne et mondiale.

Chapitre 28
L'Héritage Durable du Jaïnisme

Le jaïnisme, bien que parfois moins visible sur la scène religieuse mondiale que d'autres traditions indiennes comme l'hindouisme et le bouddhisme, a légué un impact durable et profond sur la pensée indienne et mondiale, se répercutant à travers les siècles et influençant divers aspects de la culture, de l'éthique, de la philosophie et des pratiques spirituelles. Cet héritage, multiforme et subtil, se manifeste non seulement dans les communautés jaïnes du monde entier, mais aussi dans les valeurs, les mouvements et les idées qui ont façonné et continuent de façonner le paysage intellectuel et moral de l'humanité. Explorer l'héritage durable du jaïnisme, c'est dévoiler la persistance et la pertinence d'une sagesse ancestrale, comprendre comment ses principes et ses valeurs continuent d'inspirer et de guider les individus et les sociétés dans la quête d'un monde plus éthique, pacifique et harmonieux.

L'influence du jaïnisme sur l'éthique et la philosophie indiennes est indéniable et fondamentale, imprégnant la pensée éthique et philosophique de l'Inde au cours des millénaires. Le principe fondamental de l'Ahimsa (non-violence), pierre angulaire de l'éthique jaïne, est devenu une valeur centrale dans la culture indienne, influençant non seulement d'autres traditions religieuses, comme l'hindouisme et le bouddhisme, mais aussi des mouvements sociaux, politiques et philosophiques tout au long de l'histoire de l'Inde. L'Ahimsa jaïne, dans sa portée et sa profondeur, va au-delà de la simple abstention de la violence physique, incorporant la non-violence verbale, mentale et émotionnelle, et s'étendant à toutes les formes de vie, influençant profondément l'idéal indien de respect pour tous les êtres vivants.

La doctrine de l'Anekantavada (relativisme), la philosophie jaïne de la multiplicité des perspectives et de la relativité de la vérité, a également laissé une marque indélébile sur la pensée philosophique indienne, favorisant la tolérance, le dialogue et la compréhension de la diversité des points de vue. L'Anekantavada, en reconnaissant la complexité de la réalité et la limitation de la perspective individuelle, a encouragé le développement d'approches philosophiques plus inclusives et dialogiques, influençant le débat intellectuel et la quête de la vérité en Inde au cours des siècles. L'éthique jaïne, centrée sur l'Ahimsa, et l'épistémologie jaïne, basée sur l'Anekantavada, constituent des contributions philosophiques uniques et durables au patrimoine intellectuel de l'Inde et du monde.

La contribution du jaïnisme au développement du végétarisme et du mouvement de défense des droits des animaux est remarquable et pionnière, faisant du jaïnisme l'une des traditions religieuses les plus anciennes et les plus cohérentes à défendre le végétarisme et l'éthique animale. Le principe de l'Ahimsa, avec son extension à toutes les formes de vie, a conduit le jaïnisme à adopter un végétarisme strict comme pratique essentielle, évitant la consommation de viande, de poisson, d'œufs et, idéalement, de produits laitiers, afin de minimiser la violence contre les animaux et de réduire la souffrance dans le monde. Le jaïnisme ne se contente pas de défendre le végétarisme comme une pratique personnelle, mais le promeut également comme un idéal éthique et social, influençant le développement du végétarisme en Inde et, plus récemment, contribuant à la croissance du mouvement végétarien et végan à l'échelle mondiale.

Le jaïnisme, avec son accent sur la compassion pour tous les êtres vivants et le rejet de la violence sous toutes ses formes, a joué un rôle crucial dans la formation du mouvement de défense des droits des animaux, anticipant des concepts et des arguments qui allaient devenir centraux dans le débat contemporain sur les droits des animaux. La vision jaïne selon laquelle les animaux possèdent une âme, la capacité de ressentir la douleur et la souffrance, et le droit à la vie et au bien-être, résonne avec les préoccupations éthiques du mouvement de défense des droits des animaux, et continue d'inspirer les militants et les penseurs dans la lutte pour la protection et la libération des animaux.

L'impact du jaïnisme sur l'art, l'architecture et la littérature indiennes est évident dans les temples majestueux, les sculptures sereines, les peintures complexes et les écritures riches et diverses.

L'architecture des temples jaïns, comme les Derasar de Ranakpur, du Mont Abu et de Khajuraho, représente un héritage artistique remarquable, caractérisé par la beauté, la complexité et l'harmonie, reflétant les valeurs jaïnes de paix, de sérénité et de quête de la transcendance. Les sculptures des Tirthankaras, avec leurs expressions sereines et contemplatives, sont devenues des icônes de l'art jaïn, transmettant un message de paix intérieure et de perfection spirituelle. Les peintures jaïnes, en particulier les miniatures des manuscrits enluminés, se distinguent par leur précision, leurs détails et leur richesse symbolique, narrant des histoires religieuses, représentant des diagrammes cosmologiques et transmettant les enseignements du Dharma jaïn.

La littérature jaïne, englobant les Agamas, les Puranas, les Charita et diverses autres œuvres, constitue un vaste et riche corpus de textes philosophiques, éthiques, narratifs, poétiques et grammaticaux, préservés dans des langues anciennes comme l'Ardhamagadhi, le sanskrit et l'Apabhramsa. Cette littérature offre un trésor de sagesse spirituelle, d'idées philosophiques, de récits inspirants et d'exemples de vie éthique, contribuant de manière significative au patrimoine littéraire de l'Inde et à la compréhension de la tradition jaïne.

L'héritage du jaïnisme en tant que tradition de paix, de non-violence et de quête spirituelle transcende les contributions spécifiques en matière d'éthique, de philosophie, de végétarisme et d'art, englobant l'essence même de la tradition jaïne et son message fondamental pour l'humanité. Le jaïnisme, tout au long de son histoire, est resté un phare de paix et de non-violence, défendant la résolution pacifique des conflits, la tolérance religieuse et la quête d'un monde plus harmonieux et compatissant. L'accent mis par le jaïnisme sur la quête spirituelle individuelle, l'autodiscipline, la méditation et la purification karmique, offre un chemin vers la transformation intérieure et la réalisation du potentiel humain pour la perfection spirituelle et la libération de la souffrance.

Le jaïnisme, dans son essence, invite à la réflexion sur la nature de l'existence, le but de la vie et le chemin vers le bonheur et la libération. Son héritage durable réside dans la transmission de valeurs éternelles, telles que la non-violence, la compassion, l'honnêteté, la non-possessivité et la quête de la vérité, qui continuent d'inspirer et de guider les personnes dans différentes parties du monde dans la quête d'une vie plus éthique, significative et en harmonie avec tous les êtres.

La pertinence du jaïnisme pour la pensée éthique et spirituelle contemporaine est remarquable et croissante dans un monde confronté à des défis complexes et urgents. En une époque de violence, de conflits, d'inégalités, d'injustices sociales et de crise environnementale, la sagesse jaïne offre un contrepoint éthique et spirituel précieux, proposant une voie alternative basée sur la non-violence, la compassion, la durabilité et la quête de la paix intérieure. Le jaïnisme, avec son message de respect pour toutes les formes de vie, son éthique de la responsabilité individuelle et sa vision d'un monde interconnecté, résonne avec les préoccupations et les aspirations du XXIe siècle.

L'héritage durable du jaïnisme n'est donc pas seulement un héritage historique, mais aussi une source d'inspiration et d'orientation pour l'avenir. Ses principes et ses valeurs continuent de défier et d'enrichir la pensée éthique et spirituelle contemporaine, offrant un chemin vers la transformation personnelle et sociale, et vers la construction d'un monde plus pacifique, juste et harmonieux pour tous les êtres vivants.

En conclusion, l'héritage durable du jaïnisme est multiforme et profond, rayonnant son impact sur la pensée indienne et mondiale à travers l'éthique, la philosophie, le végétarisme, le mouvement de défense des droits des animaux, l'art, l'architecture, la littérature et son message central de paix, de non-violence et de quête spirituelle. Le jaïnisme, en tant que tradition de sagesse ancestrale, continue d'offrir une contribution précieuse à la pensée éthique et spirituelle contemporaine, restant pertinent et inspirant pour le XXIe siècle et les générations futures. Dans le prochain et dernier chapitre, nous synthétiserons les principaux enseignements et valeurs du jaïnisme, en réfléchissant à son potentiel en tant que chemin vers la paix intérieure et l'harmonie universelle.

Chapitre 29
Un Chemin vers la Paix Intérieure

Alors que nous arrivons au terme de cette exploration de la tradition jaïne, riche et multiforme, il est opportun de récapituler les enseignements et les valeurs centrales qui imprègnent chaque chapitre de ce livre, en synthétisant l'essence du jaïnisme et en réfléchissant à son profond potentiel en tant que chemin vers la paix intérieure et l'harmonie universelle. Le jaïnisme, plus qu'une religion au sens conventionnel, se révèle être une philosophie de vie globale et transformatrice, un guide pratique et éthique pour le voyage humain vers la libération de la souffrance et la réalisation du plein potentiel spirituel. Dans ce chapitre de conclusion, nous revisiterons les piliers fondamentaux du jaïnisme, en réaffirmant sa pertinence intemporelle et son attrait universel dans un monde qui aspire à la paix, à la compassion et à la sagesse.

En revisitant les principaux enseignements et valeurs du jaïnisme, nous pouvons identifier un ensemble de principes interconnectés qui forment le cœur de la tradition jaïne. Au centre de tout se trouve l'Ahimsa (non-violence), le principe suprême et global qui imprègne tous les aspects de la vie jaïne, de la conduite personnelle et des choix alimentaires à l'engagement social et à la recherche de la paix mondiale. L'Ahimsa jaïne ne se limite pas à l'absence de violence physique, mais s'étend à la non-violence en pensée, en parole et en action, et à toutes les formes de vie, reconnaissant l'interconnexion et le caractère sacré de tous les êtres vivants.

Interconnecté à l'Ahimsa se trouve le principe de l'Anekantavada (relativisme), la philosophie jaïne de la multiplicité des perspectives et de la relativité de la vérité. L'Anekantavada promeut la tolérance, l'humilité intellectuelle et le dialogue, reconnaissant qu'aucune perspective unique ne peut saisir la complexité de la réalité, et que la vérité peut être abordée sous différents angles et de différents points de vue. Cette vision inclusive et pluraliste est fondamentale pour le dialogue interreligieux, la compréhension interculturelle et la résolution pacifique des conflits.

La Tri-Ratna (Trois Joyaux) du jaïnisme - Samyak Darshan (Vision Correcte), Samyak Jnana (Connaissance Correcte) et Samyak Charitra (Conduite Correcte) - représente le chemin jaïn vers la libération (Moksha). La Vision Correcte implique d'avoir foi dans les enseignements des Tirthankaras et dans la possibilité de la libération. La Connaissance Correcte implique la compréhension des doctrines jaïnes, de la cosmologie, de l'éthique et des pratiques spirituelles. La Conduite Correcte se réfère à la pratique des Cinq Grands Vœux (Mahavratas) pour les moines et les nonnes, et des Cinq Vœux Mineurs (Anuvratas) pour les laïcs, guidant la conduite éthique et morale dans la vie quotidienne.

Les Cinq Grands Vœux (Mahavratas) - Ahimsa (Non-Violence), Satya (Vérité), Asteya (Ne pas voler), Brahmacharya (Célibat/Chasteté) et Aparigraha (Non-Possessivité) - représentent les principes éthiques fondamentaux de la vie monastique jaïne, guidant les ascètes dans la recherche de la purification karmique et de la libération. Les Cinq Vœux Mineurs (Anuvratas), adaptés pour les laïcs, offrent un guide éthique pour la vie quotidienne, encourageant la pratique de la non-violence, de la vérité, de l'honnêteté, de la fidélité et de la modération dans la consommation.

La pratique ascétique et la discipline spirituelle sont centrales dans le jaïnisme, visant à la purification du Karma, au contrôle des sens et à la recherche de la libération. Le jeûne, la méditation, la prière, l'étude des écritures et la pratique de la vertu sont quelques-unes des pratiques spirituelles jaïnes qui aident dans le voyage vers le Moksha. La compassion (Karuna) et l'amitié universelle (Maitri) sont des valeurs essentielles dans le jaïnisme, inspirant l'action altruiste, la charité (Dana) et la recherche du bien-être de tous les êtres vivants.

Le potentiel du jaïnisme en tant que chemin vers la paix intérieure réside dans son accent sur l'autodiscipline, la méditation et la purification mentale et émotionnelle. La pratique jaïne invite à l'introspection, à l'observation de l'esprit et à la transformation intérieure, cherchant à éradiquer les passions, les attachements et l'ignorance, qui sont les racines de la souffrance. La méditation jaïne (Samayika) vise à calmer l'esprit, à cultiver la pleine conscience et à développer la concentration, conduisant à un état de paix intérieure, de clarté mentale et d'équilibre émotionnel.

Le jaïnisme en tant que chemin vers l'harmonie universelle se manifeste dans son éthique de la non-violence étendue à tous les êtres, dans sa philosophie inclusive et tolérante, et dans son appel à la compassion et à l'interconnexion. La vision jaïne d'un monde harmonieux est basée sur la reconnaissance de l'unité de la vie, sur l'importance du respect mutuel et sur la nécessité de construire une société juste, pacifique et durable pour tous les êtres vivants. La pratique de l'Ahimsa, de l'Anekantavada et des valeurs jaïnes dans la vie quotidienne peut contribuer à la création d'un monde plus compatissant, tolérant et en harmonie avec la nature. En conclusion, le jaïnisme offre un chemin profond et complet vers la paix intérieure et l'harmonie universelle, basé sur des principes éthiques universels, une philosophie inclusive et tolérante, et des pratiques spirituelles transformatrices. Le message du jaïnisme, avec son accent sur la non-violence, la compassion, l'autodiscipline et la recherche de la libération, résonne avec urgence et pertinence dans le monde contemporain, offrant un guide précieux pour le voyage humain vers un avenir plus pacifique, juste et harmonieux pour tous les êtres vivants. Que la sagesse du jaïnisme continue d'inspirer et de guider les individus et les sociétés dans la recherche d'un monde meilleur, guidé par la lumière de l'Ahimsa et de la compassion universelle.

Épilogue

En arrivant à la fin de cette lecture, quelque chose en vous, même subtilement, n'est plus le même. Les mots parcourus au fil de ces pages ne sont pas de simples idées abstraites ; ils portent l'essence d'une tradition qui remet en question notre vision du monde, nos choix quotidiens et, surtout, notre relation à l'existence. Le jaïnisme, avec sa dévotion absolue à la non-violence, sa révérence pour la vérité et sa quête inlassable de la libération, n'est pas seulement une philosophie lointaine, pratiquée par des moines dans un silence contemplatif. Il est, et a toujours été, une invitation à la transformation intérieure – un appel à vivre avec plus de conscience, plus de responsabilité et plus de compassion.

Le voyage que nous avons parcouru ensemble a révélé un univers d'idées profondes et, souvent, contre-intuitives pour la mentalité moderne. Nous avons été présentés à l'Ahimsa, non seulement comme un principe éthique, mais comme un engagement indéfectible envers la vie. Nous avons compris que chaque pensée, chaque parole, chaque action façonne la qualité de notre âme et détermine le cours de notre voyage karmique. Nous avons appris que la vérité n'est jamais unidimensionnelle, mais multiforme, exigeant de nous humilité et discernement. Nous avons découvert que la libération n'est pas un cadeau accordé par une divinité extérieure, mais un état conquis par l'autodiscipline, le renoncement et la connaissance.

Et maintenant ? Que reste-t-il au lecteur qui a parcouru ce chemin de découverte et de contemplation ?

Il reste le choix.

La connaissance, en soi, ne suffit pas. Elle doit être vécue, expérimentée, absorbée comme une partie de notre essence. Chacun de nous porte en lui un fardeau invisible, un bagage de pensées et d'habitudes accumulées au cours d'innombrables cycles d'existence. Le jaïnisme nous enseigne que ce poids peut être dissous, mais pas par des forces extérieures – seulement par la décision consciente de suivre un chemin différent.

La libération n'est pas un concept lointain. Elle est présente à chaque instant où nous choisissons la compassion plutôt que la cruauté, le silence plutôt que la parole irréfléchie, le détachement plutôt que la convoitise. Elle se manifeste dans les petits choix, dans la façon dont nous nous relions aux autres, dans ce que nous consommons, dans ce que nous cultivons en nous.

S'il y a quelque chose que le jaïnisme nous enseigne de manière incontestable, c'est que nous sommes les seuls responsables de notre propre voyage. Il n'y a pas d'excuses, pas de raccourcis. Le monde qui nous entoure peut être chaotique, violent, indifférent – mais notre réponse à celui-ci est un choix. Le destin ne nous est pas imposé ; il est tissé de nos propres mains, cousu à chaque pensée, à chaque action, à chaque intention.

Alors, que ferez-vous maintenant ?

Peut-être ce livre n'a-t-il été qu'une lecture enrichissante, un aperçu d'une tradition fascinante. Peut-être a-t-il planté une graine qui, au bon moment, germera et grandira en de nouvelles compréhensions. Ou peut-être, juste peut-être, a-t-il été le début de quelque chose de plus grand – un éveil, un appel silencieux qui résonnera dans vos pensées bien au-delà de la dernière page.

Le jaïnisme n'exige pas de conversions, n'impose pas de vérités absolues, ne cherche pas de disciples aveugles. Il offre simplement un chemin. Il appartient à chacun de décider s'il veut le suivre, et dans quelle mesure il est prêt à s'engager dans sa propre évolution.

Si ce livre a réussi à provoquer des questionnements, s'il a éveillé en vous un nouveau regard sur la vie et sur votre propre rôle dans l'univers, alors sa mission a été accomplie.

Et maintenant, la prochaine étape est la vôtre.